成长关键词

卢红伟教育演讲录

CHENGZHANG GUANJIAN CI
LU HONGWEI JIAOYU YANJIANG LU

卢红伟◎著

江苏凤凰教育出版社
Phoenix Education Publishing, Ltd

图书在版编目（CIP）数据

成长关键词：卢红伟教育演讲录/卢红伟著.
—南京：江苏凤凰教育出版社，2019.12

ISBN 978-7-5499-8535-7

Ⅰ.①成… Ⅱ.①卢… Ⅲ.①教育－演讲－中国－文集
Ⅳ.①G52-53

中国版本图书馆 CIP 数据核字（2019）第 292531 号

书　　名	成长关键词——卢红伟教育演讲录
著　　者	卢红伟
责任编辑	刘　芳
出版发行	江苏凤凰教育出版社（南京市湖南路 1 号 A 楼　邮编 210009）
苏教网址	http://www.1088.com.cn
照　　排	北京晨罡文化发展有限公司
印　　刷	三河市九洲财鑫印刷有限公司
厂　　址	河北省三河市灵山大口
开　　本	787 毫米×1092 毫米　1/16
印　　张	14.75
字　　数	196 千字
版　　次	2020 年 4 月第 1 版　2020 年 6 月第 2 次印刷
书　　号	ISBN 978-7-5499-8535-7
定　　价	36.00 元
网店地址	http://jsfhjycbs.tmall.com
邮购电话	025-85406265,85400774　短信　02585420909
E - mail	jsep@vip.163.com
盗版举报	025-83658579

言妙意丰　壮丽宏博

——有感于《成长关键词——卢红伟教育演讲录》

初识卢红伟是在采访他学校的时候，当时他并未引起我的特殊关注，只是感觉他是一个朝气蓬勃、年轻干练的学校干部。

2015年10月下旬，他主持了在济南市举办的“第七届名家人文教育高端论坛暨名师课堂研讨会（中学）”。

可就是他的这第一次主持，让我对他刮目相看。他出口成章，而且文味荡漾。一千多人的会场，起初还人声嘈杂，瞬间变得鸦雀无声，一双双眼睛全部投向了这个年轻潇洒的主持人。

在全国各地举办的大小会议上，我见过各种各样的主持人，而像他这样的，虽不能说绝无仅有，却是少之又少。

他属于“大江东去，浪淘尽，千古风流人物”的豪放派，气势磅礴，雄壮豪迈，他主持的每一个章节，都如回荡着的高亢乐章，而他的主持词又如滔滔长江水一般倾泻而出，文采斐然，妙句不断，所以，整场主持就有了美学上所说的崇高壮美的况味。

如果说他的主持一鸣惊人的话，那么，他的第一场演讲更是震撼了众多参会者的心。

那是2016年4月中旬，在济南举办的“第八届名家人文教育高端论坛暨名师课堂研讨会（小学）”上，他做的报告的题目是《创新课堂体系　绚烂教学气象》。一般来说，谈及课堂教学改革，极少用“绚烂”一词，这有点浪漫的意蕴，不过，这还真的属于他的语言风格。

报告伊始，他就以“绚烂”的语言与信都学校奇妙的课堂视频扣紧了所有参会者的心弦。可是，这种豪迈与壮丽，还只是外在的渲染，而在此后狂飙突进式的演讲时，我却惊喜地发现他所说的创新课堂，不但有从全国课堂改革典型那里“妙手偶得”的经验，更有信都学校自己的大胆探索与创新。我感到，他对当今世界发达国家的课堂教学进行了很有价值的研究与取舍，也对中国古代教育大师们的教学进行了认真的学习与深入的研究，尤其是心怀崇敬地从《论语》和《学记》中捧取其教学的瑰宝，然后再“化”于自己心中之后，又在学校掀起了一场真正意义上的课堂革命。于是，在学生成绩持续攀升的同时，信都学校在老百姓心中的信誉度也与日俱增，乃至到了每年秋季初中招生的时候，竟然出现了全国各地的人争相前来，报名者多达七八万人之多的景象。大凡亲眼看见那壮观的报名景象者，无不为之惊叹。

课程改革以来，全国各地课堂教学改革出现了风靡一时的诸多流派，可是，大浪淘沙，至今还有几个屹立不倒或者强势发展着呢？如石家庄精英中学在课堂教学上突围并崛起者真的是“几希矣”。从这个意义上说，卢红伟及其学校的课堂教学改革从启动那一日起，就有了强劲发展的基因。

所以，那一场演讲，如果说我是被他那才华横溢而又气吞山河的气魄所折服的话，那么，他从古今中外教育大师和经典中汲取精华而又生成的独具特色的课堂教学改革，就更是让人佩服不已。

此后，在每一届举办的“名家人文教育高端论坛暨名师课堂研讨会”上，我都会邀请这个英姿勃发的年轻人做会议主持，并进行气势磅礴的演讲。

囿于篇幅，在此我不再对其每年的演讲进行叙说，不过，广大读者不必遗憾，因为在《成长关键词——卢红伟教育演讲录》这本书里，收录了他在人文论坛和学校演讲的部分内容。近日，在翻阅这一篇又一篇的演讲文稿时，卢红伟那富有磁性而又壮丽的声音似乎又在我的耳畔回荡，再一次掀起了我心灵激动的感情浪花。而出乎我意料的是，有一些演讲内容，连我也是第一次读到，虽然无法触摸他的声音，但这文字中依然跳跃着他那雄壮而高昂的声响，从而撩起了我阅读的兴趣，并发自肺腑地升腾起了一种由衷的敬佩与感动。这突然让我想起了孔子之言："后生可畏，焉知来者之不如今也？"真的是长江后浪推前浪啊！他虽然现在还没有跻身全国名家的行列，但我敢断定，未来名家荟萃的殿堂上，定然有他的一席之地。

那么，卢红伟何以能够异军突起，发展地如此之快呢?

无疑，他有这方面的天赋。可是，仅有天赋是远远不够的，后天的努力，才是锻造一个名家的必备品质。

一以贯之的读书，是他快速成长的重要密码。

也许有人会说，我也在不断读书，为什么没有卢红伟如此快速的发展呢？确实如此，多读书者多矣，可成就自身者少矣。因为读书有一个方法：取法乎上，得乎其中；取法乎中，得乎其下。阅读世界大师的作品，尽管一时无法企及他们的高度，却可以走向中层的境界；如果阅读中等水平作家的作品，则只能在下层徘徊复徘徊。大部分人阅读的书多在中等层次，所以，只能是得乎其下了。人常言："名师出高徒。"那么，大师更是出高徒，可现实中很少有人能到大师身边聆听教诲，那么，还有没有其他途径呢？有的，虽然不能到大师那里登门拜访，却可以到大师留存的精神文本当中汲取精华。几百年乃至几千年前的大师已经逝去，可是，他们却为我们留下了摇曳着思想与智慧的精神文本。诵读他们的书，不就是拜他们为师吗？天天如此求学于大师，久而久之，即使成不了大师，也一定可以成为名师、名校长或名家。

卢红伟知道"取法乎上"的阅读之道，并且持之以恒地阅读下去，甚至在经典阅读中背诵着、享受着。比如，他不但背诵了《论语》和《学记》，而且对其进行了系统的研究与深入的探究。大师的精神，已经在他的大脑里闪烁出了璀璨的光芒。所以，他那壮美的语言里，又有了教育大师的精神回响。

如果说读书是成就卢红伟生命飞跃的密码之一的话，那么，始终行走在教育教学实践一线则是其异军突起的另一个密码。

也许还会有人说，很多人都一直在教育教学一线啊！这称不上走向成功的密码吧！这种疑问并非全无道理，因为全国千千万万的校长与教师不都在教育教学一线吗？

其实，这里面还有一个真与假、多与少的问题。

身在教育教学一线，而心真在其中吗？有的校长几乎每天泡在学校里，精神不谓不佳，可是，他在想什么呢？他在做什么呢？是想着继续升迁，为自己牟利？还是真心为了师生的发展？心不一样，思考问题的方式也就迥然不同。孟子说："人皆可以为尧舜。"即人人都可以成为尧、舜这样大德大才之人。如果生命升华到如此的境界，需要的不只是才华，还有人格与大德。有的校长与教师没有大的教育情怀，也没有大爱之心，那么表面的努力，往往会被虚假所掩盖。看似聪明绝顶，其实是自己害了自己。因为这种人的"发展"，只能是天上一朵飘忽不定的浮云，一阵风吹来，就会将其吹得无影无踪。卢红伟则不然，他全身心地投入到了教育教学之中，甚至达到了痴迷的程度。在多次举办的"名家人文教育高端论坛暨名师课堂研讨会"期间，他也一直心系学校，为了学校之事，他数次深夜返回远在衡水市冀州区的信都学校，处理完学校的事情后，又马上折身而回，全神贯注地聆听名家讲座和名师授课。在与他们学校教师交流的时候，有人感慨不已地对我说，他绝对是一个"拼命三郎"，没日没夜地在学校工作，非但没有把他搞垮，反而让他愈战愈勇。这种高难度、高强度的工作，何以让他依然保持着身心健康呢？

其实，这里面又有一个秘密，那就是爱。他爱学生，爱教师，爱学校，当然，学生与教师也爱他，而在爱中工作并被爱所关照的人，虽然工作极其紧张，却因为有了心灵的愉悦，反而会一直保持身体健康。所以要想一想，同样是想做好教育，教好学生，那么，你有卢红伟投入得多吗？有他几十年如一日地爱校如家吗？

如果说卢红伟的读书有“上天”之妙的话，那么他在教育教学一线的实践则有“入地”之真。二者的和谐共进，则成了他精神飞跃的全部密码。

所以，我提醒读者朋友在阅读这本书的时候，一定要特别关注卢红伟是如何“上天”，如何“入地”，以及如何将二者巧妙融合在一起的。诚如是，你也可以像卢红伟一样，让自己拥有精彩纷呈的人生，并义无反顾地向着名家的辉煌殿堂挺进。

这本书丰沛的内容、行云流水的语言共同构成了一部言妙意丰、壮丽宏博的诗篇，所以，书中教育风景之妙绝对不是我这个简短的序言简要的文字所能说尽的。好在这书出版之后，读者自会从中取其精妙，并内化于心，生成意蕴丰厚的探究成果。

陶继新

2020年1月8日于济南

自序

耕耘教育的自家田地

如果说人生是一片原野，我愿以梦为马，不负韶华，尽情驰骋；

如果说教育是一块田地，我愿以汗为泉，不忘初心，躬身耕耘。

在第十届名家人文教育高端论坛暨名师课堂研讨会上，陶继新老师亲切地对我说：“这次教育报告反响不错，案例生动，思考深邃，看来，做教育你是认真的！红伟，我也关注了你以前的教育演说，我建议你把自己日常的演讲整理成书，在总结自己的同时，也可以获得生命的成长……”陶继新老师从容自若的微笑，温暖如春的鼓励，使一种信念在我的心中镌刻，令一种渴望在我的胸中碰撞，让一个未圆的梦在夏季的蓬勃中酝酿突围。

著名的社会学家费孝通说过：“各美其美，美人之美，美美与共，天下大同。”如果将这句哲思迁移到学校的管理上，就是要让学生扬长修短，成就最好的自己，不知不觉地彼此学习，情不自禁地互相感染，同学之间互相欣赏，共融共生，从而使校园呈现“不用扬鞭自奋蹄”的良好风貌，呈现“人人皆尧舜之才”的教育景观，这也是我的教育愿望。我供职的衡水信都教育集团有三万多名在校学生，在日常的教育中，我经常采用演讲的方式和师生对话，有时为了形成家校合力，还会将演讲进行网络直播，通过屏幕和家长同频交流。

我通过不变的基调，来坚守教育的本真。每一次演讲，我都有不变的基调，即弘扬正能量，激发内驱力，提升自控力，坚定意志力，从而为学生的成长打下健康的底色。

我通过变化的主题，来彩绘教育的风景。每一次演讲，我都有变化的主题，高效、奋进、笃学、尊重……凡此种种，都是我根据时间节点确立的教育抓手。万变不离其宗，主题虽多，目标只有一个——远大理想，坚定信念，明确目标，丰富方法，让学生对自己的目标、思想、心理、行为等进行自我管理，内强心智，外化能力，修炼强大的自我。

我通过心灵的碰撞，来彰显教育的魅力。每一次演讲，我都谋求与师生的心灵碰撞，脱离文稿，尽可能多地和作为受众的师生有眼神交流、表情交流、手势交流、体态交流。演讲前列举提纲条目，演讲过程中就会出现如课堂二次备课一样的情境，很多生成性的语言就会应情应景地脱口而出，从而在学生的心里留下更加深刻的印象。

“君子务本，本立而道生。”我把每一次演讲，都当作一次心田的耕耘，不仅教育了学生——利他，而且成长了自我——利己。本书记录着我对教育的思考和对成长的见解，我深知自己见闻孤寡，学识浅陋，修行浅显，思考还很稚嫩，见解尚不成熟，但我还是要将自己的所思、所感、所说、所行用文字呈现出来，权当是我二十多年从教生涯的一个印记和对自己未来人生的一种警醒。

梁启超在《教育家的自家田地》中说：“学不难，不厌却难；诲人不难，不倦却难。”这是他从孔子“学而不厌，诲人不倦”的自白中所感悟到的两句话。他认为，不厌不倦是孔子人生哲学的第一要件，因为依孔子的观察，生命即是活动，活动即是生命，活动停止，便是生命停止。活动要有原动力，原动力又源自哪里呢？源自各人的心理作用——感知自己所活动的环境的趣味，这便是“乐”，便是“不厌不倦”。在教育的天地里，我是有大好田地的人，行道，守道，点火播种；知道，悟道，拓荒耕耘，诚应践行梁启超之言，如至圣先师孔子一般，在自家田地里，勤勉不辍，乐此不疲，不厌不倦，好好地将自己的田地打理出来，一生受用。教育演讲，我还在继续……

本书按照时间和专题相结合的综合结构排列，在即将付梓之际，我特别感谢陶继新老师的鼓励和帮助，感谢各位好友的鼎力支持，唯愿此书能成为学生的成长励志书、教师的德育参考书、家长的家教资料书。

卢红伟

2019年10月1日于衡水信都

目录

CONTENTS

铸魂

铸魂——做有中国根的世界人

向美而生

向阳成长

红伟

“自小多才学，平生志气高”的同学们，“三尺讲台育桃李，一支粉笔写春秋”的老师们：

大家上午好！

在这“晴空一鹤排云上，便引诗情到碧霄”的美好时刻，我们全体师生隆重集会，举行主题为“中国根　世界人”的开学典礼。首先，我代表信都学校的董事会、校委会，向全体同学致以美好的祝愿，希望所有同学能够“披荆棘而前行，积跬步以千里，尝千辛而微笑，历万难以玉汝”，同时，我也借教师节之际，向所有老师献上真诚的祝福，愿我们的老师能够心美体健，终生修炼，巧使启导，妙用互动，高效工作，幸福生活！

同学们从四面八方来到信都学校，开启了中学时代。步入中学，同学们的认知将会更多元，情感将会更丰富，世界将会更多彩，生活将会更绚烂。

同学们，请用你们的脚踏一踏脚下的这方土地——

4600多年前，轩辕氏黄帝在此打败了蚩尤和炎帝，依山川之势，划天地为九州。这方土地取希望、美好之意，被命名为“冀”，为九州之一。

4100多年前，夏氏禹治水成功之后，重新划天下为九州：冀州、兖州、青州、徐州、扬州、荆州、豫州、梁州、雍州，而冀为九州之首。

4000多年前，禹的儿子启，变“公天下”为“家天下”，建立了中国第一个世袭王朝夏，夏铸九鼎，代表九州，九鼎之中，冀鼎最重。

2200多年前，我们这方土地是信都州、信都郡、信都县三级治所所在地，是政治、经济、文化的中心——民风淳朴、社会安定、经济繁荣、文化发达。

400多年前，明代万历年间，冀州知州赵杲创立了冀州这方土地上的第一个书院——信都书院，从此开启了冀州的一脉文风，也奠定了崇文重商、大气谦和、自强不息、敢为人先的冀州精神。

100多年前，中国近现代著名教育改革家、桐城派学者、曾国藩的四大弟子之一吴汝纶在冀州任知州，他大力发展信都书院，使得信都书院“人才最为一时之盛”，铸牢了教育兴冀的根基。

20多年前（1997年），也是在这方土地上，冀州市信都学校拔地而起，经过20多年的发展，已经有一校、两部、三区，在校生36000余人，生源覆盖全国18个省份的164个县（市）、区，成长为规模大、发展快、实力强、层次高的优质民办学校！

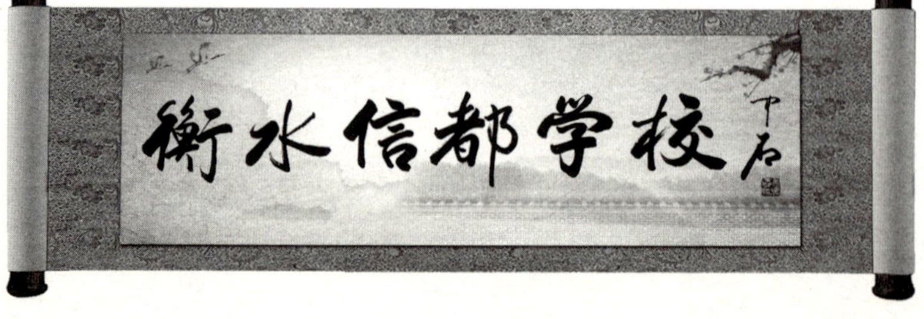

再请同学们抬头望一望这片天空。天空中虽然没有痕迹，但鸟儿已然飞过，正如我们曾步入信都的学哥学姐，已经从信都走向了世界。

我们这方土地上走出了众多的英美留学生，走出了众多的清华生、北大生、人大生、北航生。我们的学哥学姐曾在国际奥林匹克机器人大赛中旗开得胜，我们的学哥学姐曾驰骋在全国青少年田径的赛场上笑傲群雄，我们的学哥学姐曾在全国作文比赛中独占鳌头，我们的学哥学姐曾在河北省教育厅组织的演讲比赛中一举夺魁，我们的学哥学姐曾自己策划实施了衡水湖千人徒步环保旅行活动，我们的学哥学姐还出版了冀州教育史上首本初中生诗集《最好的我们》……

站在历史的时空里，想一想学哥学姐创造出的这些成绩，我们的内心是否有一种激情在汹涌？是否有一种热情在燃烧呢？

我们应该怎样度过自己的中学时代呢？怎样才能像学哥学姐一样，站在世界舞台的中央，展示中国的风采呢？

我把咱们的教育规划总结为四句话：“一二三四五，出彩人生路；六七八九十，凌云志不负。”内容很多，内涵很深。我们要按照规划逐步开展活动，逐渐丰富内心，让我们的成长更加幸福与健康。

一、一部《论语》通关

我们要做少年君子，就要通读《论语》。《论语》是中华优秀传统文化经典中的经典，是至圣先师孔子与其弟子的言论“语录”。《论语》二十篇，篇篇论君子，仅《卫灵公》一篇就有十一则论君子，全书更是有八十六则论君子。

贯穿整部《论语》始终的还有孔子认定目标后，不断追梦的坚强意志。孔子在鲁国担任过中都宰，做过大司寇，而后为了实现自己的政治抱负，周游列国14年，而且有子贡、子路等一群追梦者陪着他风里来雨里去，经历艰难困苦。

孔子被围困于匡地，险些被杀之时，依然表现得镇定自若，他说："文王既没，文不在兹乎？天之将丧斯文也，后死者不得与于斯文也；天之未丧斯文也，匡人其如予何？"即使在危急时刻，孔子也没有考虑个人的安危。他认为，自己是文化的继承者和传播者，应当以舍我其谁的奉献精神，当仁不让地承担起这一历史重任。

孔子师徒来到宋国的都城外，在一棵大树下讲学，宋国大夫桓魋担心宋景公会出去迎接他们，便先下手为强，派人拔树，声言要杀他们。孔子与弟子们被迫离开，半路上有弟子见孔子仍神色从容，便劝他走快些，孔子却说："天生德于予，桓魋其如予何？"在生死攸关的时刻，孔子依然保有乐观的态度和弘扬圣贤教育的使命感。

同样，在郑国都城，孔子被人嘲笑"累累若丧家之犬"时，也没有动摇过自己的意志，没有放弃过自己的梦想，欣然笑曰："形状，未也。而谓似丧家之狗，然哉！然哉！"

赵普讲"半部《论语》治天下"，我们要用一部《论语》来修身，通过对《论语》的诵读与学习，做到"正心、诚意、格物、致知、修身、齐家、治国、平天下"的品质提升。

二、两个主体育人

同学们的成长需要有两个主体来参与，一个主体是学校，另一个主体是父母。学校和家庭就要靠同学们这双小手来牵动，左手牵学校，右手牵家庭，相互协作，共同努力，健康成长，幸福生活。

三、三大重点突出

开启中学生涯，重点有三个：第一个重点是高效学习，第二个重点是诗意生活，第三个重点是合作成长。

我看到许多教室的黑板上都写着“入室即静、入座即学、入学即专”的标语。虽然写上了标语，但我们是不是能够真正领悟标语中蕴含的科学道理呢？

学习是什么？学习是不断地汲取外部信息。但是只汲取就可以了吗？不可以。因为，学习的目的在于应用，最关键的是在恰当的时候，从汲取的信息中去提取适合当前场景或者能够解决问题的有效信息。比如，考试就是一个信息综合和信息提取的过程。

我们都知道遗忘曲线，艾宾浩斯用这条曲线告诉人们，学习过程中的遗忘是有规律的，遗忘的进程很快，并且表现为先快后慢。学的知识如果不抓紧复习，一天后就只剩下原来的33%左右，随着时间的推移，遗忘的速度减慢，遗忘的内容也就减少。按照这个原理，我们需要多花时间、多花力气，刻苦地、不断重复地汲取知识。而美国的科学记者本尼迪克特·凯里却在他的著作《如何学习》中对此做出了辩驳，他提出了“遗忘式学习”理论，认为一旦你把什么装进了脑子，那就永久地存在那里了，我们想不起来的东西，其实只是我们一时无法提取出来的记忆而已。

脑力工程师孙路弘说，今后是科学学习方法的天下。所以，这里我们讲高效学习就是要充分利用大脑这个功能强大而又奇妙的“机器”，在提高专注力的同时，变换学习场景，拉开学习时间间隔，进行交替式学习、打断性学习，以便能在更短的时间内获得更多的知识。

谈到高效学习，我要给大家介绍一位朋友。他曾经教书一年，讲台上面对数十学子；而今主持若干，屏幕前对话三五专家；曾经专修英语，可达专八水平；现在专修母语，嬉笑怒骂皆成文章！这位朋友就是我们河北电视台的著名主持人尹华正，有请华正老师！

谢谢！卢校长，谢谢您！

感谢华正老师能来到我们开学典礼的现场！从同学们的掌声中，能感受到对您的欢迎程度了吧？

是的，我从来到学校就感受到了同学们身上的正能量，我的内心无比激动。

我知道您一直在跨界，永远在超越。人生能达到这个高度，事业能做到这个地步，我想，同学们应该都想知道您成功的秘诀。

跨界需要勇气，超越需要知识，学习肯定是成功的首要前提。

那就有请华正老师和同学们分享一下您的成功秘诀吧！

谢谢，谢谢同学们热烈的掌声！其实我上来之前一直在跟彭敏老师交流，说演讲特别难，难在哪儿呢？难在每一场演讲都要准备新的东西。

我当过一年的教师，再次走进校园，心情是比较激动的，因为离开校园很久了，再次看到同学们青春的面孔，我觉得像是回了家一样。那么，今天借着这个机会，我就跟在座的各位同学以及各位老师分享一下我的一些心得，一些故事。

先自我介绍一下，我就是那个每周日晚十点，大家伙儿开始犯困的时候，突然从电视里“冲出来”大喊“传承国学经典，看我铮铮少年”的那个人。大家应该对我有印象吧？（学生回应：有印象）

既然有印象，我们就先来热下身，把刚才那句话，一起朗读一遍好吗？传承国学经典——

“看我铮铮少年！”（学生高声回应）

当然，特别是九年级的苏鹏岱等几位同学，我实在太熟悉了，跟我照相的时候还“勒”我脖子，差点让那张照片成了我人生中最后一张照片，下手太狠了。（学生笑）

今天给我的演讲时间是三个小时，不，三十分钟，我觉得可能不太够，因为我说话又慢又长，所以差不多到时间的时候，主持人上来把我轰下去就行了，以免超时。（学生笑）

今天，我想从咱们信都中学的“信”字讲起，跟大家聊三个词以及它们背后的力量，即信心、信念、信仰。

先来说第一个——信心的力量。

其实，说话又慢又长，还不算坏事，最坏的是，压根不敢说话。你可能不相信，我从小就是一个特别没有自信心的人，特别害怕说话，更别提在众人面前演讲了。我觉着，这可能和我第一次演讲的失败有关系……

七年级的时候，我跟你们现在差不多大，第一次参加学校举办的演讲比赛。我把演讲稿背得滚瓜烂熟，都可以倒背如流了，但是真到了演讲的那一天，还是紧张了，结果背到中间就卡壳了。我当时愣了有三十秒，和台下的同学们面面相觑，现场鸦雀无声……那三十秒，我感觉像三十分钟、三个小时那样漫长，站在演

讲台上的我感觉自己是这个世界上最孤独的人。更为难堪的是，当时我感到有一股暖流顺着我的左腿，汩汩而下……（学生大笑）

走下演讲台之后，还是我的班主任挽救了我。他说："你这是太紧张了，我听你讲的前两段还是很好的，你有这个潜力，这样，我还有个名额，你再去参加一次县里的演讲比赛。"还真奇怪，在县里的演讲，我感觉似乎没那么紧张了，结果居然得了二等奖。从那以后，我一下子信心爆棚了，并且一发而不可收，直到今天，已经敢面对上万人做演讲了。所以，在实现梦想的过程中，遇见一位好老师是多么重要啊！很幸运，信都中学的孩子们，你们遇到的，都是好老师！

其实今天说这个故事，是想告诉大家，无论何时何地，都要有信心。我们有那么多"不知天高地厚"的梦想要去追逐，不要怕，做了梦，就要努力地实现它，哪怕追了半天发现是场噩梦，也好过什么梦也不做。追梦的过程就是一个不怕丢脸的过程，今天丢的脸，总有一天，能给你找回大面子！

第二个想说的是——信念的力量。

还是从我自己的见闻说起。我从小就是一个体育迷，也是一个体育解说迷。不管什么球，篮球、排球、乒乓球、足球，我都会津津有味地坐在电视机前，听电视里解说员激情澎湃地解说。对我来说，印象最深的一次体育解说发生在2004年8月25日。我想问问各位同学，这一天你们多大了？（学生纷纷议论）可能刚过周岁吧？那你们可能记不住那天晚上发生了什么，我来帮大家还原一下。

那是一个难忘的夜晚。在希腊爱琴海边，亚洲飞人刘翔创造了雅典神话，凌晨02：49，我从电视里听到了这样的声音：

比赛开始！

刘翔的起跑非常的顺！

他目前排在第一位，旁边的是特拉梅尔和奥利贾尔斯。

刘翔！处于领先的位置！

刘翔！

刘翔赢了！

刘翔赢了！

刘翔创造了历史，一个黑头发、黄皮肤的中国人成为“世界飞人”，刘翔创造了历史，刘翔获得了世界冠军、奥运会冠军，刘翔获得了奥运会金牌，创造了新的奥运会纪录，12秒91！

听到这样的声音，哪一个中国人不为之热血沸腾？哪一个中国人不为之心潮澎湃？刘翔接受采访的时候说，他站在起跑线上，就感觉到自己会赢，这就是信念！这就是信念的力量！正是凭借这股子信念，他获得了冠军，让中国在奥运田径赛场上扬眉吐气。

今天说这个故事，是想告诉大家，我们在学习中，在生活中，一定会遇到各种各样的困难。战胜困难，不光要靠智慧，更要靠信念。

荀子说：“骐骥一跃，不能十步；驽马十驾，功在不舍。”

曹操说：“老骥伏枥，志在千里。烈士暮年，壮心不已。”

蒲松龄说：“有志者，事竟成，破釜沉舟，百二秦关终属楚；苦心人，天不负，卧薪尝胆，三千越甲可吞吴。”

马云说：“梦想还是要有的，万一实现了呢？”

这些都是信念的力量。喷泉的高度不会超过它的源头，一个人的事业也是这样，他的成就绝不会超过他的信念。

第三个想说的是——信仰的力量。

今天是教师节，我再次感觉到，在这样一个日子里，在这样一个场合中，与同学们交流，是如此巧合的事情，因为我曾经也做过老师。2009年，我大学毕业的第一份职业是广东省中山市实验小学的一位英语教师兼班主任。也正因为如此，对于信仰这个词，我想说得严肃些、认真些。也许有些话，你们这个年纪理解起来还有一点费力，但是，在此，我先说了，不懂的可以之后再消化。

记得十年前，我所工作的学校有这样一个习惯：清晨，只要国歌一响，校园里的老师、学生，不论在哪个角落，都会起立，该注目的注目，该敬礼的敬礼。所以，在这一刻你会发现很多奇怪的现象：卫生区里，一个学生拿着扫帚，一个学生拿着簸箕站在那里听国歌；教室里，老师讲得好好的，突然全班肃立；走廊上，夹着一沓作业本的老师，突然缓下脚步原地立正；食堂里，正在吃饭的老师、学生，突然停止说笑，站起来敬礼。国歌声一过，一切照旧运行。我觉得，这就是一种信仰教育。

我想问问你们，年轻的同学们，信仰，信的是什么？（学生纷纷讨论）

第一，我们要信仰自己的文化。

比如，《诗经》《楚辞》的世界、老庄孔孟的思想、陶潜杜甫的辞章、四大名著的光芒。当然，泱泱大国五千年的传统文化，远不止这些，还有李白的月光、王维的田园，还有铁马秋风蓟北、杏花春雨江南。我们信仰文化，信仰的是一份从远古走来的一脉相承，信仰的是一条从苍穹流下的源远流长。

第二，我们要信仰自己的祖国。

自古以来，爱国情怀就是中华民族的“最大公约数”。两千多年前，“长太息以掩涕兮，哀民生之多艰”；一千多年前，“国破山河在，城春草木深”；七百多年前，“人生自古谁无死，留取丹心照汗青”；一百多年前，“苟利国家生死以，岂因祸福避趋之”；八十多年前，“为什么我的眼里常含泪水？因为我对这土地爱得深沉”，我们信仰祖国，信仰的是抛头颅、洒热血才能保卫的盛世和平，信仰的是中华民族伟大复兴的美好未来。

第三，我们要信仰自己的未来。

多年以后，你们要面对的现实可能和我们面对的并没有太大的不同：追求虚荣的依然很多，追求真理的依然很少；追求待遇的依然很多，追求理想的依然很少；追求做大官的依然很多，追求做大师的依然很少。

但，即便如此，作为老师，作为朋友，作为兄长，我依然要告诉你们，信仰未来——信仰的是规则能战胜潜规则，信仰的是学术有别于权术，信仰的是风骨远胜于媚骨。

亲爱的同学们，请永远相信，你所站立的地方，就是你的中国——你怎么样，中国便怎么样；你是什么，中国便是什么；你有光明，中国便朝气蓬勃。

最后，我想把我最喜欢的食指先生的一首诗《相信未来》读给大家听，作为今天整篇演讲的结尾。

当蜘蛛网无情地查封了我的炉台，
当灰烬的余烟叹息着贫困的悲哀，
我依然固执地铺平失望的灰烬，
用美丽的雪花写下：相信未来。

当我的紫葡萄化为深秋的露水，
当我的鲜花依偎在别人的情怀，
我依然固执地用凝霜的枯藤，
在凄凉的大地上写下：相信未来。

我要用手指那涌向天边的排浪，
我要用手撑那托住太阳的大海，
摇曳着曙光那枝温暖漂亮的笔杆，
用孩子的笔体写下：相信未来。

我之所以坚定地相信未来，
是我相信未来人们的眼睛——
她有拨开历史风尘的睫毛，
她有看透岁月篇章的瞳孔。

不管人们对于我们腐烂的皮肉，
那些迷途的惆怅、失败的苦痛，
是寄予感动的热泪、深切的同情，
还是给以轻蔑的微笑、辛辣的嘲讽。

我坚信人们对于我们的脊骨，
那无数次的探索、迷途、失败和成功，
一定会给予热情、客观、公正的评定，
是的，我焦急地等待着他们的评定。

朋友，坚定地相信未来吧，
相信不屈不挠的努力，
相信战胜死亡的年轻，
相信未来、热爱生命。

谢谢大家！

好，谢谢华正老师把信心、信念和信仰传递给我们所有师生。我记得心学大师王阳明说过：“人胸中各有个圣人，只自信不及，都自埋倒了。”我觉得华正老师给我们带来的这场演讲，就是让我们要有“竿头百尺，但须更进”的信心，有“不到长城非好汉”的信念，当然也要有“为中华民族伟大复兴而读书”的信仰！

让我们再次感谢华正老师！

孔子说：“《诗》三百，一言以蔽之，曰：‘思无邪’。”孔子还说：“《诗》可以兴，可以观，可以群，可以怨。迩之事父，远之事君，多识于鸟兽草木之名。”人生自有诗意，我们每个人生来就是一位诗人，诗是青年人的专利。

在接下来的学习生活中，我们会给同学们知识上的引领、技巧上的帮扶、情感上的培育，让我们每个人都用自己的双耳倾听天籁，用自己的眼睛发现美好，用自己的心灵捕捉幸福，用自己的生花妙笔书写情怀。这就是我们三大重点之二的“诗意生活”。

今天，我们还请来了一位朋友和大家见面，他是中国《诗刊》杂志社的编辑，第二届《中国成语大会》的年度总冠军，第三届《中国汉字听写大会》第四现场的年度总冠军，还是董卿主持的《中国诗词大会》第二季和第三季的亚军，他就是我们非常喜欢、非常崇拜的彭敏老师！

同学们好！卢校长好！

我们都知道彭老师“腹有诗书气自华”，今天彭老师会给我们带来哪些谆谆教诲呢？让我们掌声有请彭老师！

谢谢卢校长！

首先自我介绍一下，大家好，我叫彭敏，硕士毕业于北京大学中文系，从2009年开始，一直在中国作家协会主管的《诗刊》杂志社做一名编辑，我的工作就是读诗，相当的诗意盎然。2015年，我获得了中央电视台主办的第二届《中国成语大会》的冠军，2017年获得了《中国诗词大会》第二季的亚军，当时我拿了四期擂主，但最后决赛只拿到了亚军，许多人都说，不错了，你已经十分厉害了！后来我又去参加《中国诗词大会》第三季的比赛，没想到又拿了一个亚军。别人又表扬我说，很厉害，“千年老二”！所以，大家好，我是《中国成语大会》的冠军和《中国诗词大会》的“千年老二”。（学生大笑）

今天来到这里，我想跟大家分享一下自己学诗词的体验。如果要给这次演讲加个题目的话，可以叫《诗词之美　点亮人生》。

其实要跟大家分享诗词之美，分享诗意人生，我觉得是有一些遗憾的。因为本来我应该站在这里跟大家分享一下我的音乐人生。为什么呢？因为我在初中的时候特别想当一个音乐家，十分想学钢琴。当时我听了法国“钢琴王子”理查德·克莱德曼的钢琴曲，就特别想当一个钢琴家。我觉得穿着燕尾服，打着小领结，坐在灯火辉煌的大厅里面弹钢琴，显得特别“高端大气上档次，低调奢华有内涵”，但是那个时候家里实在太穷了，根本没有条件学钢琴。

等到我读高中了，条件稍微好一点时，我发现有音乐老师在开班教钢琴，我就特别兴奋地给我爸打电话：“爸，有音乐老师在开班教钢琴，您能不能给我一笔钱去学钢琴？”我爸听说学费太贵了，然后无情地拒绝了我。

等到我读大学了，在中国人民大学里有一个社团叫“古筝社”，有老师在开班教古筝，我觉得特别好，就又给我爸打电话：“爸，您能不能给我一笔钱让我去学古筝？”这一次，我爸听说学费依然很贵，虽说没有开口直接拒绝我，却反问了一句：“你一个男生学古筝，不觉得娘吗？”我又一次被打败了，所以，我怀着一个没有实现的音乐梦想，不得已做了一个文学青年。

为什么选择做文学青年呢？因为要求比较低，只要几块钱就能够买一本书，只要在写字桌前能够坐得住，就可以慢慢积累知识，逐渐成长为文学青年，所以我最终成了一个文学青年。（学生笑）但是文学青年之路对我来说走得也特别艰难。

小时候，我家基本上看不到除了课本以外的书。所以，我经常向老师借书读，这些书就成了我童年时期的第一批阅读资源。我的成长环境让我没有更多的选择，相比之下你们很幸运，因为，你们能够在信都这样一所名校里就读，想学什么都能够学得到，所以，你们的人生有很多选择，非常自由，希望你们不要辜负了这么好的条件，一定要奋斗出一个美好的前程！

我年幼时就特别喜欢读诗词，大学又读了中文系，我现在工作的单位是《诗刊》杂志社，每天都在跟诗词打交道，所以，我觉得诗词对我的改变是非常大的。

我们在学语文的时候，可能会认为诗词跟我们的实际生活有一些距离，因为它就像是一个正襟危坐、板着脸的“老学究”，显得特别严肃。比如，我们一讲到杜甫就想起忧国忧民，一提到李白就想到豪放飘逸，一谈起陈子昂总想到怀才不遇。

其实，诗词也有不严肃的时候，有一些比较好玩的游戏可以拉近我们与诗词之间的距离。比如，有一种诗词游戏叫作“诗词混搭”，本来不是一首诗，被组合在一首诗里面之后，会产生特别奇异的效果。我这里有一些混搭，分享给大家：“

少小离家老大回，安能辨我是雄雌？

红酥手，黄縢酒，两个黄鹂鸣翠柳。

一朝被蛇咬，处处闻啼鸟。

仰天大笑出门去，无人知是荔枝来。

长亭外，古道边，一行白鹭上青天。”

（学生大笑。）

是不是觉得没有一点违和感？就像是一首诗中的句子。再如“爷娘闻女来，举身赴清池，阿姊闻妹来，自挂东南枝”，把“乐府双壁”《孔雀东南飞》与《木兰词》完美地融合在了一起；还有，“但使龙城飞将在，六宫粉黛无颜色”，也是诗词混搭，意思是龙城飞将英俊潇洒，帅气到六宫粉黛都没有颜色了。

我一说，同学们都在笑，但有些老师会不会觉得这是在糟蹋我们的传统文化呢？估计心里可能有些怒火中烧了！但其实“诗词混搭”这种游戏并不是我们现代人的发明，古代人也喜欢玩这种混搭，只不过他们玩得更加严谨一些，这种诗词混搭还有个专门的名字叫作“集句诗”，所谓“集句诗”就是把不同的诗组合在一块，形成新的作品。

苏轼、黄庭坚、王安石、辛弃疾，他们都是玩集句诗的高手。南朝诗歌名句“蝉噪林逾静，鸟鸣山更幽”，以动来写静，即通过蝉的叫声、鸟的鸣声来描述这个树林的幽静。王安石就改了这个句子：“风定花犹落，鸟鸣山更幽。”描绘出风已经停了，但是花瓣还在一瓣瓣地掉落，也是以动写静的意境。被王安石修改之后，前一句为视觉，后一句是听觉，组合起来也是一个非常漂亮的句子。

我们非常熟悉的晚唐“诗鬼”李贺，他有一个句子是“天若有情天亦老”，但大家知道这一句的上句是什么吗？是“衰兰送客咸阳道”。我们会发现这句跟下句比起来，下句特别经典，而上句我们就记不住。所以唐代以后，很多诗人就想着给“天若有情天亦老”换一个“搭档”，换一个更加惊艳的句子。其中有两个修改后的句子是我们比较熟悉的，一个是毛泽东的“天若有情天亦老，人间正道是沧桑”，还有一句是宋代诗人的“天若有情天亦老，月如无恨月常圆”，对得很工整、漂亮。

所以，诗词混搭式的集句诗是古人已经玩过的，我们也不妨用这种能够增加趣味性的方式来进行诗词学习。

体会诗词之美还有一种方式，就是我们可以把诗词融入日常生活中。

平时，我们学诗会觉得它离我们很遥远，唐朝人写的，宋朝人作的，写的香炉、帷幔、骑马，这些东西，我们都很陌生，读起来会觉得有距离。

实际上，唐诗宋词不过是古代人的日常生活罢了，虽然历经一千多年，很多日常生活中的事物都发生了变化，但有些东西是永恒不变的，比如，人的思想，人的感情，人在高兴的时候会怎么想，人在不高兴的时候会有什么情绪，这些是没有太大变化的，仍然是相通的。所以，唐朝人写的诗，宋朝人作的词，仍然可以进入到我们的日常生活中，用来表达我们的日常情绪。

那怎样将这些唐诗宋词运用到我们的日常生活中呢？我们都很爱学习，但偶尔也会有厌学的想法，这时，唐朝人是怎么表达这种情绪的呢？李商隐说“嗟余听鼓应官去，走马兰台类转蓬”，即早上的鼓声又敲响了，又该去朝廷上班了。有一天，妈妈突然给你削减了开支，你会有什么情绪？你肯定会有些忧伤，这时，唐朝人可能会说“前不见古人，后不见来者，念天地之悠悠，独怆然而涕下”。生活中其他忧愁之事，古代人会有什么情绪？唐朝人会说“从此无心爱良夜，任他明月下西楼”，即再多的良辰美景，都不想欣赏了。某次考试成绩不好，特别不开心，担心家长训斥、责罚，我们就可以说“江东子弟多才俊，卷土重来未可知”。儿时一起玩耍的伙伴，升入初中也许就不在同一所学校了，该如何来安慰彼此呢？你们可以互道“两情若是久长时，又岂在朝朝暮暮”。久别重逢的话，又该如何形容当时的心情呢？可以说“别来沧海事，语罢暮天钟”。

把诗意融入日常生活，这也是学习诗词、提高学习诗词兴趣的一个好方法。

关于为什么要学诗词，这里跟大家分享一个观点。很多人会想：学诗词有什么用？它能真真切切地帮助我们提高考试成绩吗？它能帮助我们考大学、考研究生吗？它能帮助我们找到一份好工作吗？这些问题我可能都没有办法做出肯定的回答，但是，《庄子》里面有两个典故，我讲给大家听，大家就会明白我们为什么要学习诗词了。

第一个典故叫“屠龙之技”，所谓屠龙之技，就是有一个人花了三年时间，交了一大笔学费，跟一位老师学一个特别厉害的技能——杀龙。可是学成之后，这个世界上根本没有龙，屠龙之技到哪儿去用呢？有人就去问庄子，屠龙之技到底有何用？

庄子的回答是另外一个典故，叫“无用之用”。庄子举了一个例子，他说路边有一棵树，长得高大茂盛，但是树干弯弯曲曲，枝丫旁逸斜出，树身疙瘩琉球。这种木材对于木匠来说，是完全没用的，因为没办法做成任何一种家具，所以，人们就说这种树是没有用的。但是，这棵树也正是因为在匠人眼中没用，才得以不负春光野蛮地生长，让自己的生命得以延续。而从另一个角度来讲，因为树很繁茂，夏天的时候就可以让很多人到树下乘凉。因此，庄子认为所谓的有用没用，要看你用什么观点，从什么角度去看。

所以，学习诗词和这棵路边的大树一样，也许在日常生活中没有办法给你一些特别现实的、直接的作用，但是它对心灵的浸润、灵魂的提升和滋养是任何其他东西都无法比拟的。所以，学习诗词就是个屠龙之技，也是一个无用之用，但它能够让我们“腹有诗书气自华”。

最后，我想再跟大家分享两个学习上的小观点。

第一个观点叫作“一万小时天才定律”。刚才很多同学的发言都在强调珍惜时间，指出只有努力才有成功的希望。但很多人会问，到底如何才能成为一个领域的专家或王者呢？成为王者其实没有什么诀窍。一位美国人写的一本书里，有一个“一万小时天才定律”的观点：在一个领域持续不断地投入一万个小时以上，就可以成为这个领域内的天才。

所谓一万个小时是怎么算的呢？不是要求把这一万个小时局限在某一段时间内，丝毫不能停歇，而是要求我们为完成某件事情持续不断地投入时间去做。因为，即使每天为这件事情花八个小时，每周花五天时间，这样算下来还需要大概五年的时间。但是，这种情况往往很难实现。我们的精力会被各种各样的事情分散，所以五年时间往往会不够，这个时间会被拖得更长。因此，要想成为一个领域的王者很简单，就是持续不断地投入时间，也许在刚开始会觉得见效很慢，但是只要长期坚持下去，这个效果就会慢慢地沉淀到你的人生当中，所以，做任何事情只要你有梦想，有想法，不要着急，坚持就能成功！

另外一个观点是一个成语，叫作“梧鼠技穷”。

“梧鼠”是《荀子·劝学》里面提到的一种老鼠，这种老鼠多才多艺，拥有的技能特别多，它会跑、会跳、会上树、会挖洞，甚至还会游泳，可是它每一项技能都不精湛。它会挖洞，却只能挖一点点，自己都没有办法钻进去；它会上树，却上不到树梢，爬一两米之后就爬不动了；它会跑，却跑得不快，人如果去追它，马上就能追到；它会游泳，可是它的游泳技术却也是三脚猫功夫，游到半路就会沉到水底。所以，梧鼠是个什么样的状态呢？就是虽然多才多艺，但实际上每一项都没有学精的状态，最后荀子为此下了一个结论叫“梧鼠技穷”。

“梧鼠技穷”是与“一万小时天才定律”相对应的，我们不要把自己的精力分得太散，不要东一榔头、西一棒槌地去做太多想做的事情，我们要把精力集中在一个目标上，朝着这个目标一直努力，不问收获，只问耕耘，总有属于你的那一道曙光照耀在你的眼前，希望大家能够记住这两个观点，在逐梦路上不时回想起来以告诫自己。

刚才华正老师是用一首诗结尾的，那么我也用一首诗作为我的结束语。我将这首诗的最后部分送给大家，是海子的《面朝大海，春暖花开》，我稍作了修改：

陌生人，我也为你祝福
愿你
有一个灿烂的前程
愿你
在城市里获得幸福

好，谢谢大家！

十分感谢彭老师为我们带来如此诗意盎然又幽默十足的演讲，让我们对诗词有了全新的认识，让我们对诗词充满了好奇与想象。让我们再次以热烈的掌声感谢彭敏老师！

三大重点中的最后一个是合作成长。

我们所讲的合作是从最基本的人与人之间的相互帮助开始的，同桌互助、小组帮扶、班级捆绑、年级拉手，都是合作成长的措施。合作成长，始于相互帮助，终于什么呢？终于自己的心灵强大。

“处天外遥望，地球很小；居体内细查，心域极宽。”格局大了，站位高了，胸怀广了，心域宽了，同学与同学之间，同学与老师之间的合作就会更加密切。“不谋全局者，不足以谋一域。”做好自己分内的事情，是合作的基础，我们每个人都要像拼图一样相互交融、相互切磋，只有拼在一起才是一幅美轮美奂的图画。

高效学习、诗意生活与合作成长这三大重点将贯穿我们整个初中的生活。

四、四种意识强化

意识是行动的先导。“国家兴亡，匹夫有责”，是每位中国少年都应有的“今日之责任全在我中国少年”的主人意识和“铁肩担道义”的责任意识；“今天我为信都而自豪，明天信都因我而骄傲”，是每位信都学生都应有的“学校是我家，发展靠大家”的主人意识和“校荣我荣”的荣誉意识；“我的班级我做主”“我的班级我主张”，是每位同学都应有的参与班级管理的主人意识和自我管理班级的民主意识。

通过我刚才的表达，相信大家已经明白了这四种意识分别为主人意识、民主意识、责任意识和荣誉意识。其中，主人意识是起关键作用的。无数事实证明，成功人士无一例外地把集体的事当成自己的事，如宿舍的事、班级的事、学校的事、国家的事、人类命运的事，我们要把这些事看成自己的事，主动、积极、负责、奉献、追求成功、永不言败、不贪名利、不计得失、全心投入、全力以赴，做自己行动的主宰者，在学习、生活、纪律等方面，处处主动，变“要我做”为“我要做”，以“怎样才能更好，怎样才能更快”的标准处理学习和生活中的每一个细节。这不是一个口号，而是一种信仰，一种高尚的品质。

五、五种能力提高

知识是学出来的，能力是练出来的，品德是修出来的。我们要在活动中，提高同学们的自我管理能力、高效学习能力、组织执行能力、质疑创新能力与人际交往能力。

能力的提升在于活动的参与。对此，我有许多故事可讲，我们的学哥学姐已经用他们的行动证明了自己能力的提高，刚刚提到我们的学哥学姐自己策划了“千人出行”活动，安全问题、交通问题、医护问题、路线选择问题、午饭问题、环保问题等都是自行解决的，一次活动下来，同学之间更加融洽了，自我管理的能力更强了，组织力、执行力、创新力、学习力都有了大幅度的提高。

此外，还有令我血脉偾张、激动不已的旗帜交接仪式，相信大家都能在这个仪式中看到自己的影子，因为这是我们开学典礼策划组的同学“采得百花成蜜后”的结果。学生代表从老师手中接过象征着责任担当的班旗，在老师、学生代表携手舞动班旗的时候，各班相继喊出能够彰显自己班级力量的口号，场面极其震撼，气氛极其热烈，印象极其深刻。在这个过程中，责任意识、荣誉意识得到了彰显，同学们的组织执行能力、自我管理能力、人际交往能力都得到了提高。

这就是前边讲到的“一二三四五，出彩人生路”的内涵所在，这些是框架式的，好比我们的建筑图纸，有了图纸，如何备料和施工，就属于具体操作层面的问题了。那么，接下来的 “六七八九十，凌云志不负”又是什么呢?

六、六项阅读养心

无论是古代文人墨客，还是现代名家学者，都有一个相同的爱好——读书。书是人类进步的阶梯，一本好书能够影响一个人的一生。我们倡导整本书阅读，因为这样能够使大家形成系统性思维，提高写作水平，丰富知识，让我们通古今、通四方，知世界、知社会。

我们开展“海读博览大漂流”活动，让同学们在一年之内达到了360万甚至400万字的超大阅读量。通过大量阅读，同学们能将自己从课内外学到的知识融会贯通，构建立体的、牢固的知识体系，涵养内心，提高潜质。

六项阅读，是指我校的读书类别，分别指自我管理励志书、直击中考提分书、传统经典诵读书、中外诗歌浸润书、名家名著拓展书、阳光心态感恩书。

七、七个分钟利用

七个分钟利用是指两操列队一分钟朗读、三餐排队一分钟回顾、校园行走一分钟观察、课程间隙一分钟交流、神思疲惫一分钟冥想、个人物品一分钟整理、晚修课上一分钟日记。这里所讲的一分钟并不是严格意义上的60秒，而是泛指我们各种各样的零散时间。“合抱之木，生于毫末；九层之台，起于累土；千里之行，始于足下”，当众多的零散时间被高效率地利用起来后，大家就会变得更完美、更强大。

八、八大习惯养成

关于“习惯”一词，百度上给的解释是积久养成的生活方式。对，习惯就是生活方式。生活方式的不同，决定了人生境界的不同，所以，孔子说：“少成若天性，习惯如自然。”叶圣陶说：“教育是什么？往简单方面说，只需一句话，就是要养成良好的习惯。”培根说：“习惯是一种顽强而巨大的力量，它可以主宰人生。”罗素说：“人生幸福在于良好习惯的养成。”从小养成良好的习惯，优良素质便会如天性一样坚不可摧。乌申斯基说：“良好的习惯乃是人在其神经系统中存放的道德资本，这个资本不断地在增值，而人在一生中都享受着它的利息。”

德国哲学家康德每天清晨5点起床，晚上10点上床睡觉，每日讲课、与师生谈话、吃饭、散步的时间都有严格的规定，而且连续30年始终如一。富兰克林年轻时，为了能有更多的时间和精力去从事研究，他为自己制定了铁一般的作息制度：他每天早上5点起床，规划一天的事务，上午8点至11点工作，中午阅读、吃饭，下午2点至5点工作，晚间6点至9点用餐、谈话、娱乐。他严格遵守这一规定，自我磨砺，受益无穷。

一个人种下去的是行为，收获的是习惯；种下去的是习惯，收获的是性格；种下去的是性格，收获的是命运。习惯不是造就我们，就是破坏我们。那么我们要养成什么样的行为习惯呢？为了方便记忆，我用八个字来表达——自、遵、诚、合、换、言、讲、爱，即自我管理习惯、遵规守纪习惯、诚实守信习惯、合作共赢习惯、换位思考习惯、言行文明习惯、讲究卫生习惯、爱护公物习惯。

针对每一个习惯，我们都制定了行动规范和养成标准，希望同学们按照规范做事，向着标准努力，早日为自己的“人生银行”存入足够多的良好习惯。

九、九重境界提升

《学记》给我们提供了学习提升的范本，原文是这样说的：“一年视离经辨志，三年视敬业乐群，五年视博习亲师，七年视论学取友，谓之小成，九年知类通达，强立而不反，谓之大成。”据此，我们将学习分为九重境界：

第一重境界是读断经书文句，读书学习，打好知识底色；

第二重境界是明察圣贤志向，寻找榜样，树立高远目标；

第三重境界是尊重专注学业，心无旁骛，提升学识水平；

第四重境界是融洽同学关系，乐于交往，营造向上氛围；

第五重境界是广学五经六艺，博学笃行，全面发展自身；

第六重境界是尊敬教师长辈，亲师信道，时刻学而不厌；

第七重境界是学术独到见解，创新创造，深刻体悟生活；

第八重境界是慎重选择朋友，志同道合，携手开创未来；

第九重境界是举一隅三隅反，智慧通达，能够遇事不惑。

我们如果能达到这九重境界，就可以“大成”了，这时候，我们就能够成为一个高尚的人，一个纯粹的人，一个能感动别人的人，一个能对社会做出卓越贡献的人。

十、十项全能达标

提到十项全能，大家肯定想到的是竞技体育中的十项全能比赛，事实上，我们提到的十项全能和体育比赛不同，不是硬性规定哪些项目必须达标，而是给同学们提供一个追求梦想的机会，由同学们自选项目，自定目标，同学互评，老师终评，以达到《中国学生发展核心素养》的核心——全面发展的要求。只有全面地成长与发展，才能够成为“钢铁战士”，才能够在波涛汹涌的世界洪流中永远立于不败之地。

那么，这十项全能是什么呢？科学文化知识是基础，声乐、舞蹈、乐器、书法、绘画、表演、朗诵、主持等都是成长中不可或缺的部分，大家可以根据自己的喜好、自己的志向自主选择。只要你选好了项目，学校就给你创造条件，铺设平台，帮助你实现梦想，让你“海阔凭鱼跃，天高任鸟飞”！

“一二三四五，出彩人生路；六七八九十，凌云志不负”，这是同学们希冀的初中生活。我们这次开学典礼的主题定为“中国根　世界人”，就是希望全体师生能够将自己的生命之根扎在中华沃土，将自己的灵魂之根扎在信都沃土，长着中国心，怀着中国梦，放眼世界，极目宇宙，做一个有中国根的世界人，让中国的世界，世界的中国，都变成我们的人生舞台！

谢谢！

启程

启程——习惯奠基人生，梦想成就未来

品悟·成长

向美而生
向阳成长

红伟

尊敬的家长朋友们、老师们，亲爱的同学们：

大家上午好！

看到同学们如花的笑脸，我的心里无比幸福；看到同学们坚定的眼神，我的斗志无比昂扬；看到同学们挺拔的身姿，我的心中有一团火焰在燃烧。

在这开学典礼的美好时刻，我谨代表信都学校董事会、校委会向来自全国十八个省、市、自治区的九千八百名学子致以美好的祝愿！祝愿同学们日出东方，其道大光，河出伏流，一泻汪洋，幸福生活，健康成长！

今天是教师节，同时也祝愿在三尺讲台展风采，用一支粉笔写春秋的老师们得天下英才而教之，传道、授业、解惑，桃李满天，英才遍地，激情工作，幸福生活，真诚地向老师们道一声节日快乐！

同学们，我们来自全国各个地方，我们步入了新的学校，开启了新的学期，进入了新的班级，认识了新的老师，结识了新的朋友，环境对于我们来说都是新的，而我们同学自己也是新的。步入了中学时代，我们有了新的目标、新的追求和新的梦想。

中学时代是人生最美好的时代，那么，我们应该怎样来度过这人生当中最美好的中学时代呢？今天开学典礼的主题就给出了答案，让我们一起读出这次开学典礼的主题——

习惯奠基人生，梦想成就未来。（学生齐读）

对，同学们，习惯奠基人生，梦想成就未来。第一句是我们踏地行走的行为规范，第二句是我们仰望星空的高远目标。如何将二者完美地结合，展现在我们每个人的身上呢？我想我们要从自我认识开始，有的同学可能会说："自我认识，从一岁的时候开始，只要有人喊我的名字，我就会循着声音看过去，从三岁的时候开始，只要有人在我面前摆一张照片，我就能准确地指出哪一个是我，我有很好的自我认识……"

同学们，我们刚刚谈到的这种自我认识是一种浅层次的自我认识。其实，每个人都有三个自我，这三个自我分别是生理自我、社会自我和心理自我。

要想真正地认识这三个自我是非常困难的。在世界著名的阿波罗神庙上刻着三句人生箴言，其中一句就是"认识你自己"。在世人奉为经典的《道德经》中，老子也谈道："知人者智，自知者明，胜人者有力，自胜者强。"所以，人贵有自知之明。那么，我们到底应该怎样认识这三个自我，开启美好的中学时代呢？下面让我们逐一展开。

第一个自我：生理自我。

生理自我是指人的长相、身高、体重、腰围这些外在的东西，还有自己内在的血液、肌肉、骨骼、细胞、神经等一切由物质组成的自己叫作生理自我。你摸摸你的耳朵，摸到了吗？（学生摸耳朵的同时说：摸到了）你摸摸你的头，摸到了吗？（学生摸头的同时说：摸到了）对，这都是生理自我。

认识生理自我，是很难的，需要我们长时间地去探索。比如，刚刚同学们摸头了，你再摸摸头，然后想象一下，一头大象的头比你的头大吗？一头黄牛的头比你的头大吗？虽然我们的头不大，却是整个动物界最优秀的头，你知道你的大脑里面有多少个脑细胞吗？有一项研究告诉了我们一个数字，约有140亿～250亿个脑细胞。你知道这些脑细胞能储存多少信息吗？大约能储存1000万亿个信息单位，大脑所储存的信息，可供300万套电视节目同时播出。这一量级的储存空间，足以记录我们从出生到死亡这长长的一生中每一分、每一秒的所见所闻。但是，迄今为止，还没有任何一个人能够把自己头脑中的信息单位全部利用起来。同学们都知道爱因斯坦吧？牛顿，知道吗？爱迪生，知道吗？他们大概也只用了大脑细胞的5%到7%而已，就成为卓越的、被人们纪念的人，所以，我们认识自己是一个逐步深入的过程。

再如，我们现在已经开启了中学时代，在此之前我们上了三年幼儿园、六年小学，我们上了几年学了？（学生答：九年）对，上了九年学，已经有九年学龄了。那么，你对声音的记忆，对文字的记忆，对数字的记忆和对图像的记忆，哪一个最深刻呢？你知道一天当中，什么时间你的记忆力是最好的吗？什么时间的记忆是最长久的吗？要想解答这些问题，我们就要不盲从、不顺从，自己去探索自己的生物钟，真正地认识生理自我。

孔子说：“身体发肤，受之父母，不敢毁伤，孝之始也。立身行道，扬名于后世，以显父母，孝之终也。”第一句就是把保护好自己身体的安全作为尽孝的开始。所以，我要给大家两个忠告：

第一个忠告是安全至上。如果我们每个人的生命状态是一零零，也就是一百的话，同学们，我们的安全就是一零零前面的那个“一”，如果我们把一零零前面的“一”拿掉，剩下什么？零零，零零等于零，你的生命状态就从一百变成零了。所以，我们在日常生活中、在学校里，一定要关注自身的安全，比如，注意饮食安全，注意交通安全，注意用水安全，注意用电安全，注意设施安全，注意我们的行为安全等。

第二个忠告是健康第一。什么是健康？保持一个良好的生命状态，不生病，这种状态就叫健康。那怎样保证健康呢？

一方面是我们要积极参加体育锻炼。教育部、国家体育总局、共青团中央联合提出“阳光体育”——“每天锻炼一小时，健康生活一辈子”，所以，我们学校每天早晨有早操，上午有课间操，下午有眼保健操，这“三操”同学们要积极地参加。我们每天还有课外活动和一节室外阳光体育运动课，同学们同样要积极参加。

另一个方面是我们要保持营养均衡，做到不挑食、不厌食、多喝水、勤运动，以使自己的生命达到完美状态。

第二个自我：社会自我。

社会自我是指我们在群体当中所担任的角色和所承担的责任，比如，在父母面前，你的社会自我是什么？是儿子，是女儿。那在爷爷奶奶面前，你的社会自我又是什么呢？（学生答：孙子或孙女）我们去乘公共汽车，你的社会自我是什么呢？（学生答：乘客）如果你到衡水湖去旅游，那你的社会自我又是什么呢？（学生答：游客）你现在端坐在台下，你的社会自我是什么呢？（学生答：听众）在众多的社会自我中，你认为在目前这一阶段你最重要的社会自我是什么？（学生答：学生）对，就是学生。学生的天职是学习，对于中学时代的学习，我给大家提出三点要求：

第一个要求是高效学习。我在学习前面加了两个字——高效，什么是高效？就是在单位时间内，学到更多知识，完成更多任务，获得更多成长，提高更多能力，这就是高效。那么，怎样高效学习呢？我们需要做的是“三入三零一不要”。

“三入”是指入室即静、入座即学、入学即专。入室即静，意思是我们到教室之后一定要保持安静，让自己有一颗平和的心，也给同学们一个安静的环境。入座即学，意思是当我们坐到自己的座位上时，我们的全部心思就要收敛回来，不要再品味餐厅的饭香，也不要再回味课间嬉戏的快乐。我们可以预习，可以复习，总之是要把全部精力收回到学习中来。入学即专，意思是在我们学习的时候，一定要做到专心致志、全神贯注、一丝不苟。在小学阶段，我们都学过一篇课文，叫《鱼游到了纸上》，那个年轻人画鱼的境界就是入学即专的境界，物我两忘，天雷滚滚与我无关，泰山崩于前而色不变，学习就要有这样的专注力。

“三零”是指听讲零低头、作业零抬头、声响零回头。这三个零是同学们专注力的表现。同学们要自我训练专注力，无论做什么，只有专注了，才能够学有专长。

上学年，有来自天津、北京和山东的参观考察团来学校参观考察，他们到了我们学校之后，直接去了教室。他们是从后门进入的，这时同学们正在安静地自习，他们轻轻地打开门之后，参观考察团中有人小声说了一句话，同学们没有一个回头看的。一位董事长就非常惊讶，说：“卢校长，我们在教室后面说话，怎么没有一个学生回头呢？”我说：“我们有三个零的要求。”他说：“你是不是提前让教导处的老师过来，给同学们说了一会儿有人来参观，谁也不能回头啊？”我说：“没有，专注学习是我们的课堂常态。”他不信，然后上了三楼，又上了五楼，尤其是到了五楼之后，他故意使劲把门推开，发出“砰”的响声，然后他惊呆了，真的没有一个学生回头。这就是学习专注力的最好体现。

“一不要”要求同学们抓紧学习的每一分钟，高效学习。这样，我们能够用更少的时间，把我们要学的东西更好地学到，之后你就有更多的时间、空间去培养你的爱好，发展你的特长，未来你将成为德、智、体、美、劳全面发展的栋梁之材。

第二个要求是诗意生活。同学们每天都在学校里，教室、宿舍、操场、餐厅四点一线，如果我们心中没有对美好生活的向往和热爱的话，那就会像小时候的鲁迅一样，望着高墙下四角的天空，感觉生命是黯淡无光的。儒家学派的开宗立派者孔子说：“小子！何莫学夫《诗》？《诗》可以兴，可以观，可以群，可以怨。迩之事父，远之事君。多识于鸟兽草木之名。”高晓松也说：“生活不只有眼前的苟且，还有诗和远方。”所以，同学们要用诗一样的语言表达生活的感受，用诗一样的语言表达心中的美好。

之前的七年级学生，开了一个非常好的头，感受了诗意生活的酣畅淋漓。他们每个人都用细腻的视角观察生活、书写美丽，小脸上时刻都洋溢着幸福。现在我手里有一本书，题目是《最好的我们》，这本书是我们信都学校办学二十年来第一本正式出版的学生书籍，由辽宁少儿出版社出版，这也是冀州教育史上第一本中学生诗集。我们的学哥学姐，用自己的眼睛去发现生活之美，用自己的耳朵去倾听天籁之美，用自己的笔端去书写心灵之美。他们写的诗篇成千上万，我们选择了三百首汇编成了这本书。校园的一花一草、一景一事，课堂内外、活动瞬间都被他们写进了诗篇当中。

下面，我随机找一位同学来读一读这本书中美好的诗篇。来，这位同学上来，随便打开一页读一读。（学生随机找到一首诗开始读）

跑 操

解宗耀

甩臂迈腿齐划一，步伐铿锵又整齐。
全体提高注意力，行排数列要标起。
内圈转弯慢步移，外部大步缩距离。
一天十圈强身体，一二三四我着迷。

校长：谢谢，你叫什么名字？

学生：我叫韩伟乐。

校长：好，谢谢，请坐。你看，一个普普通通的每天十圈的跑操，被写进诗中以后，是不是让你浑身都充满了力量呢？下面，再找个男生来读一首诗，哪个男生可以来？有举手的吗？来，这位小伙子有期盼的眼神。

学生：

演　讲

张一帅

六点二十铃一响，掌声雷动我登场。
引经据典善言辩，神采飞扬来演讲。
考查机智和口才，锻炼自信和胆量。
感谢学校各活动，培养我们成栋梁。

校长：好，谢谢你，你叫什么名字？

学生：张正一。

校长：好，谢谢你，请坐。我们找了两位同学随机读了两首诗。前面一首写的是天天进行的跑操，后面一tt首写的是每天晚自习之前的十分钟演讲，这都是校内的生活故事。此外，同学们还将目光投向了校外，在校外生活中寻找到了诗意的美好。我再随机选一位同学。

学生：

衡水湖畔

张彩扬

春日漫步衡湖畔，野花飘香溢心田。
蜂拥蝶舞嬉花间，鸭鹅水中后空翻。
春风徐徐随人意，孩童牵线放纸鸢。
漫步闲游小径间，此地可与仙境攀。

校长：好，谢谢你，你叫什么名字？

学生：我叫楚婷婷。

校长：好，请回座位上。好了，同学们眼中都充满了期待，这样的诗篇他们能写，我们更能写，一定要长江后浪推前浪，一浪更比一浪强。

第三个要求是合作成长。“一个人可以走得很快，一群人才能走得更远”，在合作成长上，有年级的合作，有班级的合作，有小组的合作，有同桌的合作。在本次开学的时候，相信同学们都感受到了年级合作的美好。开学第一天，九年级的同学在校园内给我们当引导员，到宿舍里来给我们当勤务员，在教室里给我们当辅导员。第二天，八年级的同学又来到宿舍里教我们整理内务。试想如果没有九年级同学的指引和辅导，没有八年级同学的帮助，我们能顺利入学吗？我们能很快地掌握内务整理的技巧吗？不能，这就是合作的力量。

不仅在生活中，在学习中，同样要合作。我们信都学校有自己的“共生高效四七二”课堂教学体系，在这一体系中，自学是基础，除了自学外，还有同桌的对学、小组的研学，另外还有群学、辅学、导学、帮学，这都是师生合作、生生合作的学习。相信随着七年级各项工作的开展，我们的合作也会逐步深入，同学们也会用自己的行动绘就合作成长的美好画卷。

第三个自我：心理自我。

什么是心理自我？心理自我就是你的情绪，你的记忆，你的感知，你的触觉，你心中的那个“巨人”。每个人心中都有一个巨人，每个人也都想成为自己心中的那个巨人，那么，我们怎么调适自己的心理，成为自己心中的那个巨人呢？送给大家五个字，这五个字耳熟能详，就是五行——金、木、水、火、土。

金木水火土

第一个字是金，代表着珍惜。我们要珍惜自己的生命，珍惜如同生命一般珍贵的时间，珍惜我们的同窗友谊，珍惜我们的师生情感，珍惜每一度电，珍惜每一滴水，珍惜我们所处的良好的学习环境，珍惜我们所生活的美好的和平时代。

第二个字是木，代表着成长。“十年树木，百年树人”，我们经常将同学们比作树木，的确，“木”代表着成长，所以我们要像校园中的树一样，深扎根，打好自己的科学文化基础，努力向下伸展，将自己的基础打得牢牢的。树都是追逐着阳光向上生长的，所以我们每个人的内心都应该像树一样，充满着向阳的正能量，充满着向阳的喜悦。

第三个字是水，代表着适应。老子说“上善若水”，水遇方则方，遇圆则圆，即把它放到一个方形的容器里，它是方形的，把它装在你的水杯里，它又成了圆柱形，所以“水善利万物而不争，处众人之所恶，故几于道，居善地，心善渊，与善仁，言善信，政善治，事善能，动善时”，水给了我们很好的启示——适应。

什么叫适应？适应就是不抱怨。曾经有一个地方，民风特别不好，人们总是抱怨：怎么我们这里的月亮不圆呢？我们这儿的树叶怎么不大呢？怎么秋天来了树叶就落了呢？怎么花开了三天就谢了呢？……寺庙里的一位大师为了普度众生，让他的弟子散布消息，说他修炼成了移山之术，能把远处的山挪过来。某年某月某日，大师要移山了，在这一天，全城的人都去看大师移山，大师缓缓地说了一句：“山，你过来。”人们瞪大眼睛看着山，但是山岿然不动。然后，大师又说了第二句话：“山，你过来。”人们又睁大双眼看着山，山依然在那儿矗立着，一动不动。这时大师又说了第三句话，人们想这一次肯定是绝招了，只见大师很平静地说："山，你过来。"人们睁大双眼，希望奇迹出现，但是山还是没有过来。这时人们纷纷对大师怒目而视，心想：这不是忽悠人吗？这位大师肯定是假的。结果大师慢慢起身走向那座山，后面的人带着好奇心，跟着大师往山脚下走，走到山脚下后，大师一转身对所有的人说："山不过来，我就过去。人不能改变环境，那就改变自己吧！"这就是水代表的适应。

第四个字是火，代表着激情。一个人成功的因素有很多，如诚实、敬业、守信，但是如果没有激情的话，这个人一定不能成功。什么是激情？激情就是我们有着高度的自觉性，而且抱着必胜的信念专心地去做一件事。如果没有激情，拿破仑不可能带领他的军队在两天之内翻越阿尔卑斯山；如果没有激情，中国红军也不可能在一天之内疾行一百多千米，飞夺泸定桥，强渡大渡河；如果没有激情，青年毛泽东不可能在长沙橘子洲头写下"恰同学少年，风华正茂；书生意气，挥斥方遒。指点江山，激扬文字，粪土当年万户侯"；如果没有激情，姚明不可能在NBA的赛场上叱咤风云；如果没有激情，刘翔不可能在110米跨栏的赛道上笑傲群雄；如果没有激情，屠呦呦不可能醉心医学研究四十年，最终获得诺贝尔医学奖；如果没有激情，莫言不可能醉心于文字，最终获得诺贝尔文学奖。同学们，没有激情的人生注定是灰暗的，没有激情的生活注定是了无生趣的。

第五个字是土，代表着胸怀。一个人的胸怀应该很宽广，海纳百川，有容乃大，土就有这样的胸怀。大家试想：如果我们把一盆清水泼到土上，土会怎么样？土会把水包容了；如果我们将东西点燃后放在土上，火灭之后所剩灰烬，土会把它包容了；树叶、花儿飘落到地上之后，"落红不是无情物，化作春泥更护花"，土仍然把它包容了。所以，同学们要胸怀未来，为自己开创一个光明的前景；要胸怀家庭，创造属于自己的美好和谐的生活；要胸怀祖国，实现我们伟大的中国梦。

同学们，这三个自我并不是割裂开来的，它们在我们身上是浑然一体的，我们每时每刻都在展示着这三个自我。昨天，同学们自己制作了一个梦想的纸飞机，这个纸飞机就是三个自我的展现：纸飞机有两个机翼，一个机翼上写着你的学习梦想，那肯定是你的社会自我与心理自我的结合，另一个机翼上写着你的班级，写着你来自哪儿，那就是你的社会自我与生理自我的结合。

在开学典礼上，我相信同学们都想把自己的梦想放飞。而且，我们不仅放飞了自己的梦想，还接到了他人的梦想。

全体同学起立，请举起自己梦想的纸飞机，让我们像草原上的雄鹰一样，向着太阳的方向，放——飞——梦——想！（学生纷纷放飞纸飞机）

好，同学们请就座。

我们上学有两大目的：第一大目的是学到知识，生成智慧，以道御术干事业；第二大目的是整合资源，广交朋友，让我们祖国处处有亲人。同学们在放飞自己梦想的时候，也接到了他人的梦想。我们随机找几位同学，看看他们都接到了谁的梦想。

学生：我接到的是七年级88班的王凡静瑶的梦想飞机，她的新学期愿望是希望自己的学习百尺竿头、更进一步，希望父母身体健康、万事如意，希望学校蒸蒸日上、辉煌发展。

学生：我接到的是七年级45班郭及琦的梦想飞机，他的新学期愿望是希望一家人平平安安、健健康康，希望他的班级越来越团结。

学生：我接到的梦想飞机来自七年级10班的赵振杰同学，他的新学期愿望是在信都学校老师的教导下，能够学会独立学习，养成良好的生活习惯，在新学期中，学习成绩更上一层楼。

学生：我接到的梦想飞机来自七年级81班的许佳琪同学，她的新学期愿望是希望自己可以加强学习，提高学习效率，提升学习成绩；加强阅读，多多写作，提升写作能力。

学生：我接到的梦想飞机来自七年级11班的李怀哲同学，他的梦想是学好科学文化，将来做一名伟大的科学家，推动我国航天事业的发展。希望他在信都学校圆梦。

感谢几位同学，请退场。

同学们，我们的梦想与梦想相连，就连成了立足冀州、辐射河北、面向全国、走向世界的信都梦。我们每位同学的梦想与梦想相连，就会成为中华民族伟大复兴的中国梦。

希望全体师生在新的学期、新的起点上，展现新的风貌，创造新的纪录，取得新的成绩，书写新的辉煌！

谢谢！

增益

增益——新学期追寻新自我

品悟 · 成长

向美而生
向阳成长

红伟

春节元宵次第过，
欢乐喜庆日消落。
学习生活今又启，
三句箴言表心意。

尊敬的老师们，亲爱的同学们：

大家好！

我们又步入了新的一年，来到了新的学期，我们都有了新的希冀、新的梦想和新的目标。在这个全新的起点上，我想送给同学们三句箴言：

第一句箴言：思维要天马行空。

2016年，中华人民共和国教育部颁布的《中国学生发展核心素养》中提出了一个核心、三个方面、六大素养、十八个基本要点。一个核心，就是培养“全面发展的人”。六大素养分别是人文底蕴、科学精神、学会学习、健康生活、责任担当、实践创新，其中科学精神和实践创新都与我们的思维直接相关。所以，我们的思维方式是很重要的素养。

中国学生发展核心素养

为什么我们的思维要天马行空呢？因为我们的大脑中有140亿～150亿个脑细胞，有着不可估量的潜力，而历史上还从来没有一个人能把全部的脑细胞激活用尽，即便是爱迪生这样的科学家，也仅仅用了大脑的5%～7%。而且，我们的大脑细胞在运用上还有一个原理叫用进废退，意思是用脑越多，头脑越灵活；越不用脑，头脑就会越退化。

我们所说的思维要天马行空，其实就是创新思维。我举一个例子，如果我手里拿着一支铅笔，那么铅笔可以用来干什么呢？（学生纷纷作答）同学们有的说能写字，有的说能画画，嗯，很好！

我们再开动脑筋，想一想这支铅笔除了写字、画画之外，还可以做什么？可以在同学过生日时，当作生日礼物送给他，从而加深友谊；可以用铅笔和别人交换，得到自己心仪的物品；可以当作商品出售，获取利润；可以把铅笔截成三十二个横切面，写上车、马、炮等，组成一副微型象棋；可以将铅笔笔芯磨成粉末，作为润滑剂；可以在路上遇到歹徒时，当作武器用来防身，等等。

一支铅笔都可以有这么多用处，更何况我们是有血有肉、有思想、有灵魂的生命个体呢！我们再想一想：我们能够对我们的家庭、我们的社会、我们的国家、我们的地球做出多大的贡献呢？庄子有句名言："吾生也有涯，而知也无涯。""知无涯"的意思是知识是没有边界的，知无涯，思亦无涯，我们首先要解放思想，才能够勇于探索科学文化知识。新学期开始了，希望每位同学都能保持思维的活跃，保持对知识的渴求，让学习与探索永不停止！

第二句箴言：修为要勇猛精进。

什么是修为？《礼记·大学》中将人的修为分为格物、致知、诚意、正心、修身、齐家、治国、平天下，其中的“格物、致知、诚意、正心”是“内修”，“齐家、治国、平天下”是“外修”，而中间的“修身”则是承上启下的枢纽。中华优秀传统文化的经典著作《道德经》告诉我们，要用至真至善的道德来修身：“修之于身，其德乃真；修之于家，其德乃余；修之于乡，其德乃长；修之于邦，其德乃丰；修之于天下，其德乃普。故以身观身，以家观家，以乡观乡，以邦观邦，以天下观天下。吾何以知天下之然哉？以此。”这告诉我们，要用高尚的道德来充实头脑，调整思维，丰富自己的内涵。

另外，作为学生，我们应该“安其学而亲其师，乐其友而信其道”，即我们的心思应放在学习上，放在我们的身心健康成长上，还要与老师建立良好的关系，与同学成为朋友，一起志怀高远，一起互学共进。

这样，我们用道德规范自我，端正学习态度，保证身心健康，提升人际交往能力，就能够做到修为的勇猛精进。

第三句箴言：行为要中规中矩。

孔子曾经说过：“吾十有五而志于学，三十而立，四十而不惑，五十而知天命，六十而耳顺，七十而从心所欲，不逾矩。”“从心所欲，不逾矩”就是我们人生的最高境界。为什么这么说呢？俗话说“没有规矩不成方圆”，没有好习惯就没有美好的人生。

我们全体同学都要着力于培养八大习惯：自主教育的习惯、遵规守纪的习惯、诚实守信的习惯、合作共赢的习惯、换位思考的习惯、言行文明的习惯、讲究卫生的习惯和爱护公物的习惯。如果我们在老师们的教导下，通过自我的教育、自我的管理、自我的培养，能够将这八大习惯自然而然地体现为个人行为的话，那么我们的人生将会无限精彩。

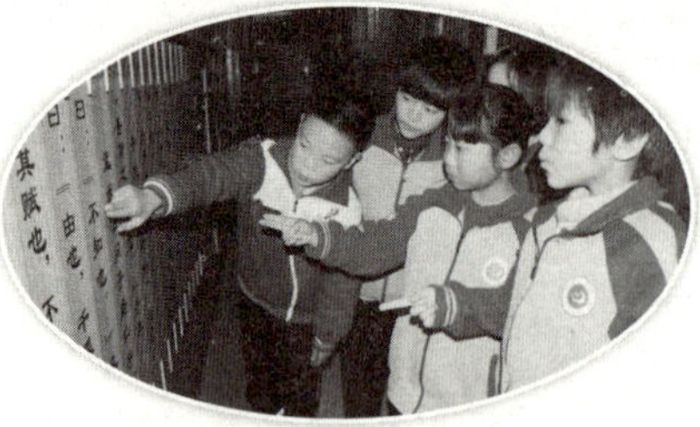

老师们，同学们，新的学期孕育着新的希望，新的希望会产生新的动力，新的动力会催生新的自我，希望大家都能做到思维天马行空，修为勇猛精进，行为中规中矩。在新的起点上，以新的姿态，展现新的面貌，创造新的纪录，取得新的成绩，书写新的辉煌！

谢谢大家！

高效

高效——加强时间管理，提高学习效率

向美而生
向阳成长

红伟

尊敬的老师们，亲爱的同学们：

大家好！

时间是最公正的老人，它从来不会对任何人有所偏袒，而多给一点时间；也从来不会对任何人有所偏见，而少给一点时间。

那么，为什么我们在如此公正的时间面前，做事的效率、取得的结果、获取的成绩会迥然而异呢？这里存在一个时间管理的问题。如果大家都能够管理好时间，肯定都能取得优异的成绩。今天，我给大家讲两个概念——假努力和真勤奋。

什么是假努力呢？就是一直很努力，一直在学习，但效果一直不好，学习效率低下。假努力的人经常会遇到时间不够用的难题，恨不得让上天“再借我五百年”才好。可事实不是这样的，大家在时间面前一律平等，所以，就会看到假努力的人每天都表现得很焦虑、很忙碌，在不同的学习任务之间奔波，虽然努力，却迟迟不见效果。

在很多人的印象中，还有一部分人，他们看似没有把全部身心投入到学习中去，实际上却早已把时间分配得很合理了。昨天，我和几位校长把获得“十大学星”荣誉的同学的成绩筛选了出来，又把所有参加学生自主管理委员会竞选的同学的成绩筛选了出来，发现他们的成绩全部排在班级的前二十名里，而且好多都是班级的第一名，甚至有年级第一名。如韩昀辰同学，学生会主席、班级第一名、年级第三名，事实上，他除了学习，还参加了很多活动。

为什么他社会活动这么多，成绩还能如此优秀呢？这就需要我们了解一下什么是真勤奋。虽然他没有把每一分钟都用来学习课本知识，但是，对比投入大量时间在学习上的同学，他更看重的是学习效率！

假努力，大家都想摒弃；真勤奋，大家都想践行。这就需要我们做好时间管理，即充分利用自己的时间，做好统筹安排，提高效率。

看这个表格（如下），我们可以把时间分为紧迫和不紧迫，把事情分为重要和不重要，纵横交叉之后，我们面对的事情就可以划分为四类：第一类事情是紧迫又重要的；第二类事情是紧迫但不重要的；第三类事情是不紧迫但重要的；第四类事情是不紧迫也不重要的。如何处理这四类事情，对于我们每个人来说都是一个挑战。

时间 / 事情	紧迫	不紧迫
重要	紧迫又重要	不紧迫但重要
不重要	紧迫但不重要	不紧迫也不重要

对于紧迫又重要的事情，现在立刻执行。比如，现在我们做的事情就是眼前最紧迫的，你们现在在做什么？（学生答：在听卢红伟校长讲话）这件事情重要吗？（学生答：重要）紧迫吗？（学生答：紧迫）那你就认真听讲、全心投入。再如，我们下节课要上语文课，语文课对我们来说重要吗？（学生答：重要）所以马上调整思维，收拾好上节课的心情与物

品，准备好上语文课的情绪和资料。

对于紧迫但不重要的事情，我们能不做就不做，或与他人分担着做。比如，你正在家做作业，在知识的海洋中遨游，这时敲门声传来，你问：“谁呀？”“我是你的老同学，咱俩现在出去滑旱冰吧？”时间紧迫吗？（学生答：紧迫）因为你的朋友来喊你了。那滑旱冰这件事重要吗？（学生答：不重要）对，不重要，眼前最重要的事情是把作业完成，所以要守住底线。这种情况下，有两种选择，一种回答：“老同学，你在沙发上坐一会儿，我这里有本《西游记》，你先慢慢看，我在做作业，做完作业，咱俩再一起去滑旱冰。”第二种回答：“不好意思，老同学，我在做作业，不能去滑旱冰，你自己去吧。”

我们再看第三类，不紧迫但重要的事情。这类事情不具备时间上的紧迫性，但它具有重大影响，对个人的人生发展有着重大的意义。

我们常说的成语——未雨绸缪，就是对这一类事件的生动表达。比如，为了避免“床头屋漏无干处，雨脚如麻未断绝”的窘境，就要在下雨天来临之前修葺房屋。这需要做计划、做准备，之后付诸行动，才可以按部就班地完成。再如，我要考清华大学，重要吗？太重要了。但是考清华大学这件事对你来讲紧迫吗？你现在还不是高三的学生，所以不紧迫。那应该怎么做呢？对于这个不紧迫但重要的事情要制订计划。怎么制订计划呢？首先，研究清华大学。可以在暑假期间到清华大学参观了解，也可以上网查阅有关清华大学的资料，如清华大学一共分多少个院系，最好的院系是哪个，你最中意的又是哪个院系等。然后，制订个人成长规划，瞄准远目标，定好中目标，实现小目标。积少成多，聚沙成塔，积跬步至千里，最后，完成考入清华大学这件重要的事情。

第四类不紧迫也不重要的事情，又应该怎样去做呢？干脆，不要管它，不要让这类事情分散我们的精力，占用我们的时间。

在时间的利用上，有一个“二八定律”。二八定律是世界上非常有名的一个定律，也叫80/20定律、帕累托法则、关键少数法则、不重要多数法则等，是19世纪末、20世纪初意大利经济学家帕累托发现的。他认为在任何一组东西中，最重要的只占其中一小部分，约20%，其余80%尽管是多数，却是次要的。很多事情都可以用二八定律来解决，比如，我们课本中80%的知识可以自学掌握，另外20%的知识需要他人帮学，即同桌互学、小组研学、资料辅导、老师教学等，而这20%的帮学内容中，又有80%是可以通过同学之间的帮学达到目标的，剩下的就需要老师给我们传授知识了，即20%中的20%，也就是总知识量的4%。也就是说，学习是同学们自己的事情，老师只是帮助我们总结规律、归纳梳理，帮助我们把知识融会贯通。

二八定律

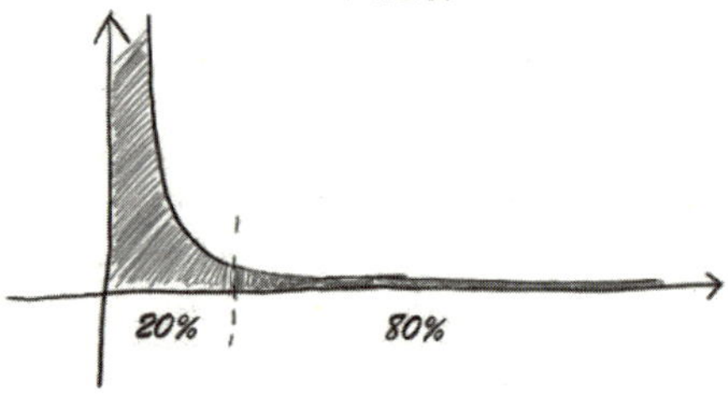

每个人都应该学会运用二八定律，利用好这效率最高的20%的黄金时间。开学典礼时，我曾给同学们说，认识你自己，要认识生理自我、心理自我和社会自我。在认识自我的时候，我们要知道自己的大脑在每天的什么时间段学习效率最高。这个时间段，一定要抓紧利用。我们每个人每天都有一段头脑疲顿的时间，我们将80%的精力投入，最多只能产生20%的学习收获。由此可以得出，提高时间的利用率，关键在于把握好自己头脑中那20%效率最高的时间。

这种高效时间段对每个人来说都是不一样的，比如，有的人在临睡前十几分钟时头脑比较活跃，有的人在下午三点到四点之间头脑比较活跃，无论哪个时段，只要我们找到规律，充分利用，就能做到高效学习，事半功倍。

在我们的生活中，还有一些时间是需要充分利用的，这些时间并不像课堂一样完整，但积累起来也是很惊人的。比如，早操排队等候的时间、餐厅排队打饭的时间、课间空余的时间、上床后睡不着觉的时间等，这些时间统称为碎片时间。

有的碎片时间可能是头脑灵活的黄金时间，那么，这些时间我们完全可以充分利用起来，用以完成知识的积累。比如，读首小诗，学几个英语单词，理解几个数学公式，探究几条物理定律等。

有的碎片时间可能是神思疲惫的疲顿时间，这时我们可以做些回顾和反省，比如，回顾课堂知识点，反思自己做事的得失等。

同学们，在时间面前，人人平等，利用的效率决定了你能否成为优秀的自己。希望每位同学都能够重视时间管理，学会充分利用时间，促进高效学习。让我们共同努力，科学使用大脑，成就卓越人生。

谢谢！

奋进

奋进——专注、责任、自律，『三驾马车』助我们成长

向美而生
向阳成长
红伟

尊敬的老师们，亲爱的同学们：

大家下午好！

“未觉池塘春草梦，阶前梧叶已秋声。”时间过得真快，我们上一周的丰富多彩刚刚定格成了记忆的历史，今天我们又拉开了“奋进周”的序幕。为什么叫“奋进周”呢？“奋进周”的寓意是什么呢？我们如何来度过这一大周[①]的生活呢？请听我给大家慢慢讲来。

“奋进”是我们耳熟能详的一个词，大家可以伸出手来写一下“奋”字。“奋”的繁体字是上中下结构，上面是“大”，中间是“隹”（zhui），“隹”指的是短尾巴的鸟，下面是“田”，所以，这个字的含义就是一只追求崇高理想的鸟儿在田野上自由地翱翔。想一想，自由地翱翔不就是一种非常美好的人生境界吗？所以，“奋”这个字指明的是我们的目标——想飞上天，与太阳肩并肩。

我们再伸出手来写一下“进”字，这是简化字。按繁体的写法，这个字是半包围结构的字，外边是“辶”，里边是“隹”。这个字的含义是鸟在飞起来之前是要踏地行走的，然后再朝着自己努力的方向快步地前行，努力地奔跑。

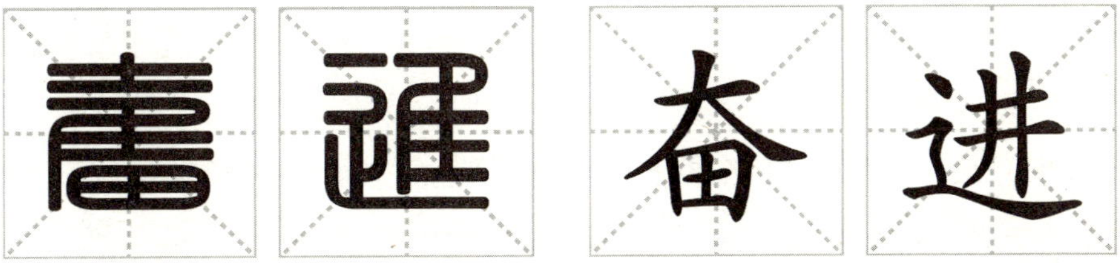

① 信都学校将三周定为一大周，每个大周都有一个主题。

奋进，奋进，“奋”为目标，“进”为实现目标的途径。“奋进周”既要求我们树立一个目标，还要求我们围绕目标付出不懈的努力。

那么，如何度过“奋进周”呢？我给大家提供三个主题词，以供大家思考。

第一个词是专注。

美国的哈佛大学是世界顶尖的大学之一，它的第二十二任校长洛厄尔在一次演讲中说，每个人都应该知道很多事情，但是一定要在某件事情或某个领域上知道很多。这是一个关于知识宽度和知识深度的论述，比如，袁隆平院士就专注于杂交水稻的研究，给人类带来了福祉。所以，每个人一定要专注于某一件事情，才能够成功。

有这样一副非常美的对联：风吹水面层层浪，雨打沙滩点点坑。下联的意思是密密麻麻的雨点落下来，在沙滩上点了无数个坑，一个很美的画面。可是联系上联设想一下，风吹着海浪层层扑过沙滩以后，沙滩上的坑还有吗？没了！还有一种情况与此相反，我们经常在屋檐下的石头上看到很多小坑，或深或浅，这些坑是怎么来的呢？这是雨滴落下来之后，经过屋檐的汇聚，不断地滴在石头上，一滴，两滴，三滴……年深日久，水滴石穿的结果。石头上的这些坑不同于沙滩上的“点点坑”，它会成为石头上永远的风景，这就是专注的力量。

专注的力量是非常强大的，试想，在艳阳高照的日子里，如果在太阳下放一张纸，纸除了有些烫以外，不会有太大的变化，可是，如果你在太阳与纸之间加一个凸透镜，阳光还是那束阳光，可是通过凸透镜的聚焦之后，不一会儿，纸就会冒烟，烧起来，这也是专注的力量。

说到专注对成功的影响，我们身边就有很多案例。比如，我们上周进行的“十大学星”的评选，我和几个“学星”聊过天，我问他们为什么能取得如此优异的成绩，他们的回答有一个共同之处：“我们按老师的要求做到了‘三入三零’。”“三入”即入室即静、入座即学、入学即专，这就是专注，只有专注了，才有可能成功。我们目前的任务就是迎接即将到来的学业测试，我们所有的注意力也要专注到一点上，就是将每个学科的知识学深、学透，进而做到举一反三。

在上周的运动会中，有一个班针对400米比赛的报名人选进行了全班评选，评选时，刘明和李骥这两位同学都跑得特别快，成绩难分伯仲，老师说五天以后，赛场上再见分晓。

五天以后，这两位同学又进行了一次比试，结果刘明同学比李骥同学快了将近两秒钟。在赛场上，两秒钟可以跑出很长一段距离了。于是，老师惊诧了，李骥同学也惊诧了，问刘明：“五天前，我们还跑得一样快，难道你这几天是大力水手吃菠菜了？还是有什么神奇的事情发生了？怎么跑得这么快？”刘明同学说：“当老师说五天以后再次比赛的时候，我就把所有的精力都用在了400米的比赛上，每天早晨，我都是第一个到操场上跑步的，虽然这几天一直在下雨，但是我仍坚持跑步，这锻炼了我的体力。不仅如此，我还去请教了体育老师，问400米的比赛起跑的时候应该注意什么；在跑步的过程当中，我的手臂应该怎么摆才能够帮助我的身体得到最大的力量；在400米赛跑的过程中，我的体力应该如何分配，我的呼吸要怎么调整……体育老师针对我的问题，都给予了细心的回答与指导。”五天的时间，刘明同学因为专注于400米跑的训练，获得了最终的胜利。这有力地证明了，只要认准目标，不三心二意，持之以恒，不半途而废，坚持专注，就能取得成功。

第二个词是责任。

有句话是“天下兴亡，匹夫有责”，中国台湾地区忠信学校的校长高振东把这句话改了一下，他要求他的学生每天早上说三遍：“天下兴亡，我的责任！天下兴亡，我的责任！天下兴亡，我的责任！”

什么是责任？分内的事情就是责任。忠信学校的每位学生都把天下的兴亡作为自己分内的事情，所以忠信学校的毕业生好多都成了商界的领袖、政坛的精英，这就是责任感带给人的变化。

在1957年的诺贝尔奖颁奖典礼上，诺贝尔文学奖获得者加缪引起了人们的关注。后来有人开始研究加缪的成长之路，想了解他是接受了怎样的良好教育，才让他获得了诺贝尔文学奖。结果人们惊讶地发现，加缪出生在一个贫困的家庭，他的父亲在他很小的时候就去世了，是他的母亲把他养大的。

虽然生活很贫困，但是等加缪到了上学的年龄时，加缪的母亲还是态度坚决地把他送进了学校。加缪的母亲靠着做一些给别人缝补衣服、到餐厅里刷盘洗碗这样的零工，以挣得一点微薄的收入来维持家庭的生活开支。为了给加缪交学费，加缪的母亲常常到很晚时仍然在劳作，加缪看在眼里，疼在心里。

有一次，他半夜醒来，看到自己的母亲还睁着熬得布满血丝的双眼，在昏暗的油灯下为别人缝补衣服，加缪再也忍不住了，从床上蹦下来抱住母亲说：“妈妈，我不上学了，我也来帮你干活挣钱，补贴家用吧！”他的母亲看着加缪，眼睛湿润了。加缪一看母亲哭了，说：“妈妈，我说错了吗？”他的妈妈紧紧地抱住他说：“孩子，你没有错，你是一个懂事的孩子，你现在还小，但你得知道你的责任是什么，你现在的责任就是好好学习，等你长大了，再来分担我们家庭的责任吧！”听了母亲的话，加缪更加努力地学习了。

加缪升入中学之后，学费越来越贵了，可他母亲的身体却是每况愈下，一家人的生活越来越拮据了。这时，加缪再一次跟母亲说："妈妈，我现在已经长大了，能分担家庭的责任了。"他母亲心疼又无奈地说："好吧，但有一个前提条件——不能影响你的学业。"加缪坚定地说："行。"

于是他找了两份工作，第一份工作是扫大街。每天早上四点，加缪就要拿着比他身体还高的大扫帚在街上"挥舞"，扫完后，他赶回家，匆匆吃完早饭就赶忙去上学。第二份工作是在餐厅里刷盘子。每天晚上放学后，加缪要先到餐厅里去刷盘子，很晚才能回家，回家后还要完成当天的作业，并预习第二天的课程。加缪就这样，一边努力学习，一边辛苦工作，这样的磨炼也提高了他的责任心。后来，他把振兴文学作为自己的责任，抱着这样的信念，最终成了文学大师，获得了诺贝尔文学奖。从加缪的经历中，我们可以看到他成功的秘诀不是他接受了优良的教育，而是他具有强大的责任感。

我校学生自主管理委员会的主席和各部部长在竞选演讲中也有一个共同之处，就是他们把我们所有同学的成长都定为自己的责任，他们认为帮助每个人、团结每个人是分内的事。

学生自主管理委员会主席韩昀辰在演讲时说："我不仅自己要做到德、智、体、美、劳全面发展，还要带领全校9800位同学走在幸福、快乐、健康成长的路上。"

我校文学部的小部长刘盈说："我不仅自己要沉浸在唐诗、宋词、元曲、明清小说的文学海洋中，还要引领我们全体同学用最美的语言书写自己最美的心情，勾画自己最美的未来！"

你看，这两位同学都把同学们的成长

作为自己的责任，所以，他们成了同学们的“排头兵”“带头雁”“领头羊”。

所以，我们每个人都要勇于承担责任。勇于承担责任，我们才能够坦然地面对生活；勇于承担责任，我们才能够勇于前行；勇于承担责任，我们才能够披荆斩棘；勇于承担责任，我们才能够成为最好的自己。

第三个词是自律。

一个人或者一个团队之所以能够变得优秀，很大一部分原因是他们自律，在这方面，哈佛大学做得非常好。哈佛大学建校三百五十周年校庆时，校董会想约请成功的校友在校庆会上发言，他们约请的是美国时任总统里根。

请总统在校庆会上发言，这在哈佛大学的校史上并不是第一次，在哈佛大学建校三百周年校庆的时候，时任美国总统罗斯福就在校庆上做了演讲。里根总统受到邀请很高兴，应允演讲，但他私下提了一个要求：希望哈佛大学能授予他荣誉博士学位。结果，哈佛大学断然拒绝了里根总统的要求，因为哈佛大学历来是以学术水平为唯一标准来聘请教授和授予荣誉学位称号的，里根总统虽然是政界明星、政界要客，但是他的学术水平并没有达到哈佛大学的要求。最终，里根总统没有出席哈佛大学建校三百五十周年的校庆庆典。虽然没能邀请到总统在校庆上演讲，略有遗憾，但是哈佛大学用严格的自律行为赢得了全世界学术界以及大学的尊敬，也彰显了它在学术界不可撼动的地位。

同学们也是这样的，以刚才受表彰的学生为例，他们每个同学都是自律的典范。今天我问了一个同学：“你演讲得挺不错的，学习成绩是第几名？”他说：“我是班级第一名。”我说：“你是如何做到的？”他说：“我就严格按照班级公约去做，严格按照老师的要求去做。比如，老师要求我们珍惜时间，那我从餐厅回教室的时候就快步走，我发现快步走可以节省一分钟的时间，而这一分钟的时间里，我又可以读20多个英语单词。

再如，老师要求入室即静、入座即学、入学即专，那我到教室之后，就严格按照老师的要求，不在座位上发呆，不和其他同学交头接耳，说一些毫无意义的话，专心地学习。”这就是自律，这就是自我教育，这就是自我的成长和自我的塑造。

同学们，“奋进周”是我们激发热情、铸就梦想的关键周。在这一周中，每位同学都要明确当前最大的责任，用滴水穿石的专注精神，用严于律己的自律态度，用时不我待的实际行动，去实现我们的青春梦想。

谢谢！

自主——管好自己就能飞

自主

向美而生
向阳成长
红伟

尊敬的老师们，亲爱的同学们：

大家好！

吴甘霖老师的讲座让我们所有听众享受了一次“甘霖”，感谢吴老师，同时，我也感动于所有学生和家长的认真倾听。刚才吴老师给我们讲了很多自我管理的好方法，尤其是那八个字——结果思维、方法意识，相信所有人听完都会有所触动。在此，我有四点感受想和大家分享一下。

第一，沉下心去学。

刚才吴老师为我们打开了一扇窗，这扇窗就是学习之窗。作为家长，作为老师，作为学生，我们都需要不断学习，在生活中学习，在学习中成长。在听讲座的时候，我突然想到我们学校即将申请的省级教科研课题“中小学家校共育的策略研究”，我们邀请了吴老师作为课题指导专家，目的是让家长能够在这个课题科研的平台上，向专家学习，向我们身边的榜样学习。另外，我们每个班都有卓越的家长，每个家长也都有自己独到的育子方法，利用此平台，我们可以互相学习，共同进步。

第二，静下心去读。

读什么？读大师作品，读经典名著，读专家、学者都认可的著作，吴老师的著作也是我们阅读的选择。我个人也非常喜欢读书，因此，我和团委会的同学、学生自主管理委员会的同学共同商议之后，倡导开展了“海读博览大漂流”活动。各位家长、各个家庭在此次活动中都受到了不同程度的书香的熏染。

我们在聆听了大师的声音之后，再去读大师的作品，感触肯定是不一样的。现任国家督学罗崇敏是“三生教育”的倡导者，我曾经听过他的演讲，之后再读他的书《三生教育》，理解起来就比较容易了。同学们都已读过《管好自己就能飞》《自觉可以练出来》《做成长的主人》这三部自我管理的书籍，今天听了讲座，还能和吴老师进行互动和交流，对这几本书肯定有了更深的认知和感悟。我有一个好方法推荐给大家，那就是读大师的作品之前，要让大师给书签名，为什么要这样做？因为这样，每当我们翻开这本书的时候，就会想到听讲座时的情景，看到大师的名字，耳畔就会响起大师的声音，头脑中就会反映出大师的观点，让我们能够更加深刻地领悟作品的精髓。

第三，俯下身去做。

人们常说要学以致用。我们今天学到了结果思维，学到了方法意识，学到了自我管理这三句话，学到了很多和孩子共同成长的方法，接下来我们就要去运用。刚才和一位家长聊天时得知，他早些年就读了吴老师的育子书、方法书，而且一直在践行，每次孩子放假回家，他都会推掉饭局，陪孩子共同度过每一个晚上，并尽量空出时间陪孩子吃饭。这样的做法让我钦佩，也非常值得大家学习。

第四，昂起头去行。

世界上没有坏孩子，也没有不成功的家庭，只是方法有偏差而已。听完吴老师的讲座之后，我感觉我们的信心更强了——我们的孩子都是最棒的，我们的家庭都是最和谐、最美满的，也是最幸福的。所以，我们每个人都要对自己的未来充满憧憬，要信心百倍、昂首阔步地行走在人生的康庄大道上。

沉下心去学，静下心去读，俯下身去做，昂起头去行，这就是吴老师的讲座带给我的最大收获。最后，引用吴老师创业时写的一首幽默、励志的小诗，来表达我们做好家庭教育、自我管理的信心和决心：

雾中登鹳雀楼

不见白日依山尽，
遥想黄河入海流。
无法欲穷千里目，
心中更上一层楼。

自律

自律——做更好的自己，约美好的未来

品悟·成长

向美而生
向阳成长
红伟

尊敬的老师们，亲爱的同学们：

大家好！

前段时间，我的手机毫无征兆地被一张图片刷屏了。在这张图片中，人类坐地行乞，而机器人则扮演了施予者的角色。这是美国杂志《纽约客》某一期的封面，意指非常明显，即在人工智能时代，越来越多的工作将被智能机器人取代，而人类将成为这个世界的弱者。

这张图片让我们不得不去思考自己的未来。由此我也联想到了2016年出生的那个“小孩”，这个“小孩”出生以后，阅尽人间所有的棋谱，并勤学苦练。几个月之后，它挑战围棋世界冠军职业九段棋手李世石，最终以4：1的比分获胜，这个“小孩”就是人工智能的产物——阿尔法狗。

仅仅一年之后，在2017年，阿尔法狗的“弟弟”出生了，它叫阿尔法元。这个“小孩”出生以后，人类就给了它黑、白两种棋子和那个满是方格的棋盘，然后它就自己参悟、自己学习、自己完善、自娱自乐，仅仅三天后，它就开始挑战阿尔法狗，最终的结果让我们大吃一惊——100：0，完胜阿尔法狗，新的世界第一诞生了。

人们看到这个结果之后都惊呼：这真是一只自学成才的恐怖“狗”啊！牛津大学还有学者给人工智能时代定了一个时限，未来十年，人类或将有40%的职业被机器人取代。英国广播公司也根据剑桥大学的数据体系做了分析，给出了365种职业的被淘汰概率，其中，被淘汰概率最高的职业有客服员、打字员、会计、保险业务员、银行职员等，而被淘汰概率最低的职业有酒店管理者、教师、心理医生、公关等。

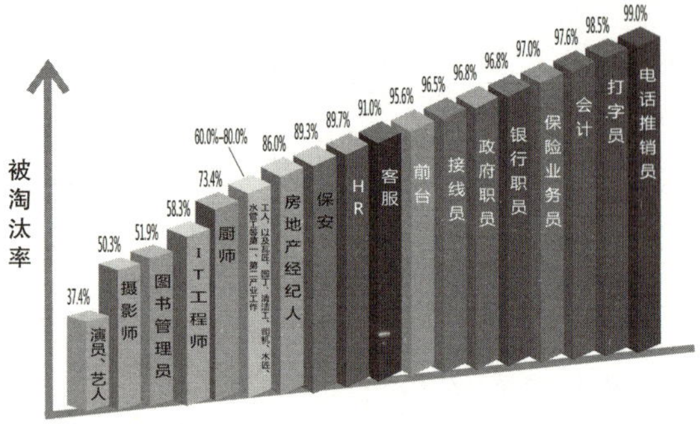

看到这个数据，我们不禁要思考两个问题：一是思考我们自己，我们从事教师行业，是幸运的，因为我们这个职业在未来被淘汰的概率比较低，可是，虽然我们的职业不容易被淘汰，但这并不代表我们不会被淘汰，其他岗位、其他职业的人都被淘汰了，那么可能就会出现像高考一样千军万马过独木桥挤占教师岗位的现象，我们的岗位就会岌岌可危，真是“压力山大”啊！二是思考我们面对的教育对象，我们给他们施以什么样的教育，培养他们什么样的素养，才能让他们从容地面对未来不可预知的那些挑战呢？

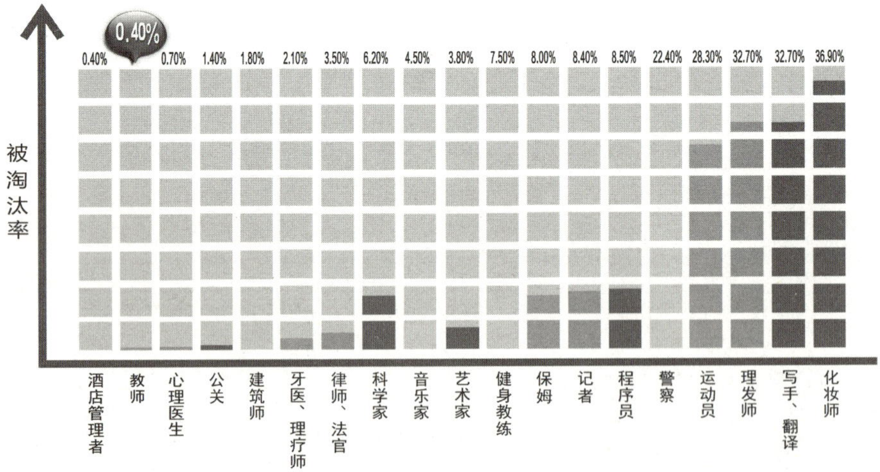

我们综合分析一下英国广播公司公布的那些容易被机器人取代的职业，看看它们都有什么样的特点：无须天赋，经由训练即可掌握的技

能；大量重复性操作的劳动；每天上班无须过脑，手熟即可；工作空间狭小，坐在格子里不闻天下事。由此可知，具有这些特点的职业很容易被淘汰。

那么不容易被淘汰的职业有什么样的特点呢？我们发现包含以下技能要求的职业被机器人取代的概率比较小：需要社交能力、协商能力以及人情练达的艺术的职业；需要同情心以及对他人真心实意的辅助和关切的职业；需要创意和审美的职业。

这些技能要求，我们用一个词来概括的话，就是我们这次大会的主题——人文素养、人文教育。

什么是人文素养？人文素养其实包括人文知识与技能、人文能力与方法、人文精神与品质这三个方面。其中，人文知识与技能是基础，人文能力与方法是重要组成部分，人文精神与品质是核心。而谈到对学生人文素养的培养，就要谈到学校的人文教育。什么是人文教育？人文教育就是促进学生人性境界提升的教育，就是塑造学生理想人格的教育，就是实现学生个人价值和社会价值的教育。这种教育需要我们老师用广博的文化知识去滋养，用优秀的文化传统去陶冶，用高雅的文化氛围去熏陶，用深刻的人生实践去体验。

说到这儿，我想和大家分享一下我校刚刚结束的一个活动——名家进校园的读书活动。在这个活动中，学生的人文素养得到了很大的彰显。我们用三天的时间准备了这个活动，而学生把这个活动延展至三个月的时间来深化和提升。

第一天上午，我跟校级自主管理委员会的学生和几个相关老师说："著名动物小说作家许廷旺要到我校来给同学们做一次读书报告会。我们应该怎样围绕读书、写作、动物这几个关键词来策划这场读书报告会呢？"抛出问题后，我们自主管理委员会的学生们就开始自己去研讨了。

下午，他们就拿出了报告会的策划方案。

第二天，校级自主管理委员会的学生又给班级自主管理委员会的学生布置了任务。同学们开动脑筋，整合资源，群策群力，全员参与，呈现了一个精彩纷呈的报告会。他们把报告会分为了会前、会中、会后三个阶段，共十个环节。

（1）熟悉作者引崇拜，家长抢票吊胃口；

（2）大会介绍燃激情，表演《马王》助兴致；

（3）作者报告静心听，情到真处掌声烈；

（4）校礼相送表感谢，自制小品寄真心；

（5）听后有疑来提问，作家妙答定解惑；

（6）现场采访留音像，专家教诲记心间；

（7）一场报告一生益，同住地球在一村；

（8）听后感想写下来，议论记叙或抒情；

（9）作品评选树榜样，海量阅读激兴趣；

（10）废品回收共环保，节俭资金购图书。

报告会结束之后，我跟许廷旺老师一起吃午饭，许老师非常激动地对我说："今天的这场报告会是'三惊报告会'，给了我惊讶，让我惊喜，也让我十分惊羡。我惊讶的是，在整场报告会中，没有一位老师参与，都是学生直接与我对话。我的读书报告会就是面向学生的，我就喜欢这样的感觉。以前我去过百余所学校做报告，没有一所学校是这样的，其他学校都是由老师或者校长来做开场，然后我再做报告，而你们学校的这个报告会是由学生开场的，这让我很惊讶。我惊喜的是，在报告会前夕，我看到了学生们用情景剧的方式表演了我的代表作《马王》中的一些情节，让我感觉到学生们对我和我的作品是如此的熟悉。报告会结束之后，学生们还表演了歌伴舞——2008年北京奥运会主题曲《我和你》，这就把人和动物和谐相处升华到了人与人、人与世界、人与自然和谐相处的高度。而且在报告会后，学生们还送给了我很多有创意的礼物，尤其是102班的学生送我的一本画册，里面全都是他们手绘的动物画，这样的创意让我感到十分惊喜。我惊羡的是，你们学校的这种教育氛围和学生们蓬勃向上、积极自信的精神状态，如果我的孩子小些，我肯定会把他送到这儿来读书！”

这次报告会还有一个环节让许老师震惊不已，他说：“这场报告会的总时长是一个半小时，可学生们竟然把它拉长为三个月！每次我做完报告，好多学校都会让学生写听后感。你们的学生不仅写听后感，竟然还更深入一步，倡导开展了一个废纸换图书的活动。这就更突出了这次报告会的知识性、人文性、趣味性、自主性和环保性，我真的感觉你们的学生创意无限。”

之后，许老师又仔细地向我询问了信都学校到底是一个怎样的学校，因为在来之前，他对我们学校了解不深，而现在，他想了解我们是用什么样的教育让仅仅入学三个月的七年级学生展现出这样强大的生命力的。

我告诉他，这得从学校的整体情况说起，可以通过几组数据来了解我们学校。

第一组数据，5000年的文明承载、2000年的建制历史、400年的文脉传承、20年的办学历史。上古时期，大禹治水成功之后，疆理天下、划野分州，将天下定为九州——冀州、兖州、青州、徐州、扬州、荆州、豫州、梁州和雍州，冀州为九州之首，河北之源。汉高祖六年，冀州域内设置信都郡，治所设在信都。信都郡下设信都县，并于当年建了信都城，之后，一直是北方的政治、经济、文化重镇。

明万历年间，冀州知州赵杲创办了信都书院。信都书院开启了冀州这方土地的一脉文风。信都书院发展到清末的时候，人才最为鼎盛。当时曾国藩的四大弟子之一，桐城派学者、近代著名的教育改革家吴汝纶任冀州知州，他十分重视教育，信都书院也名声大噪，方圆百里的好学人士都来到信都书院求学。

时间的车轮到了1997年，信都学校承载着信都书院的文脉在冀南大地上崛起！现在的信都学校已经拥有小学和初中两个学部，信都校区、富宁校区、一中校区三个校区。1997年信都学校建校之初，仅仅有852名学生，到2017年已达33000人，20年的时间，学校的规模扩张了近40倍。

这么多的学生来源于哪里呢？

先说生源的覆盖范围。我们学校位于河北省衡水市，生源覆盖河北全省，甚至还辐射到了周边的京、津、鲁、豫、蒙五地。

再说学生的选拔，我们这33000名学生是经过层层选拔进来的。比如，七年级的9800人，是从报名的55000人当中选拔出来的；八年级的7300人，是从报名的42000人当中选拔出来的。每年都会有几万人想到信都学校就读，但是很遗憾，因为学校的招生名额有限，满足不了社会太多的需求。

说到这儿，有人不禁会产生疑问：为什么？为什么信都学校的办学规模如此之大？为什么信都学校的生源范围如此之广？为什么信都学校的办学效益如此之好？其实这样的问题，我们也经常反问、自问：凭什么？我们凭什么让在校学生快乐地学习、健康地成长？我们凭什么让我们的教育在学生的心底生根发芽，厚重他们的人生底色？我们凭什么让我们的教育发生在学生身上，而作用于家庭、社区、社会，从而推动社会的发展？

我们凭的是一种“态度”和一个“体系”，即用心做教育的工作态度和基于自控力研究的人文教育体系。

我把工作态度分为四种：被动工作，敷衍做事型；尽力去做，完成任务型；努力去做，争取优秀型；全情投入，追求卓越型。

如果把每天的工作任务看作“1”，那么被动工作可能只做到0.98，尽力去做可能做到0.99，努力去做可能做到1.01，而全情投入可能做到1.02。

$$\begin{cases} 1.01^{365}=37.8 \\ 0.99^{365}=0.03 \end{cases}$$

努力去做是尽力去做的1260倍。

$$\begin{cases} 1.02^{365}=1377.4 \\ 0.98^{365}=0.0006 \end{cases}$$

全情投入是被动工作的2295666倍。

如果每天都保持着这样的工作态度的话，一年下来，我们的差距是非常大的。努力去做是尽力去做的1200多倍；全情投入是被动工作的200多万倍。这个数据很惊人，虽然不是很客观，但是足以说明一个道理：只有全情投入工作，才能做得完美。

什么是教育？昨天的报告会上张文茂校长回答了这个问题——学生们把课本上学到的文化知识忘掉之后，剩下的就是教育。具体剩下了什么？剩下了素养，剩下了人格，剩下了灵魂，剩下了能力。这就需要教师全情投入教育，用教师的灵魂去引领学生的灵魂、用教师的高尚去濡染学生的高尚！

1983年，邓小平为教育题词——教育要面向现代化，面向世界，面向未来。时隔三十几年，这对我们仍有很大的指导意义，我们应该怎样全力培养学生的人文素养，才能让他们面向未来，在未来社会的挑战中永远立于不败之地呢？

基于这样的考虑，我校开展了基于自控力研究的人文教育体系，这个体系有一个特别好玩的口号。

当时，我在全体学生会上跟同学们谈我们的教育规划时，我说“一二三四五”，同学和老师们说“上山打老虎”。这时大家的表情就非常放松，因为这个童谣勾起了所有人对孩提时代的美好回忆。接着我追问了三个问题。

第一问：“要上山打老虎，首先我们得有敢于上山的气魄与胆量，我们有没有？”同学们振臂高呼：“有！”

第二问：“山高路远坑深，我们要有上得山去的体力、耐力与能力，大家有没有？”同学们回答的声音小了。

第三问：“上得山去，我们精疲力竭，还要面对比我们强大百倍的老虎，也就是未来不可预知的困难，但我们还要战胜它，这需要智慧、策略与方法，我们有没有？”同学们沉默了。

其实，我们要想上山打老虎，要想成就自己的精彩人生，是有些艰难的，这就需要学校做好“一二三四五”。

这“一二三四五”就是我们的教育体系——人文教育体系，它包括一条主线、两大工具、三大重点、四种意识和五种能力。

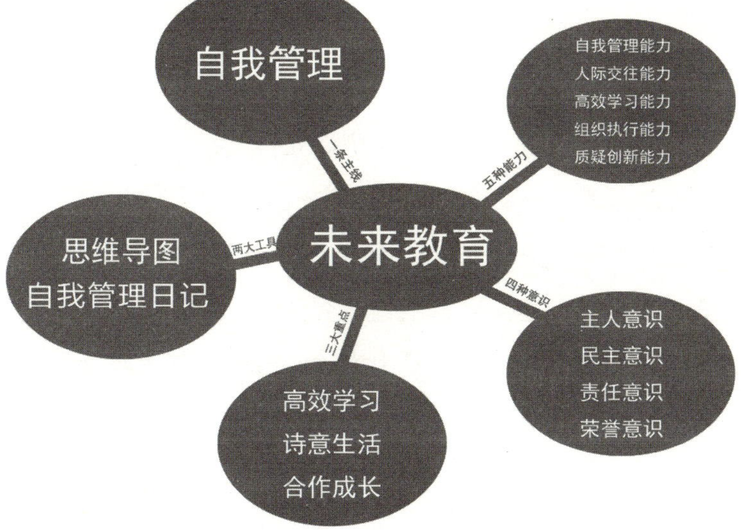

“一条主线”是指贯穿于学生学习和生活方方面面的自我管理主线。

自我管理主线是有科学依据和文化支撑的。美国斯坦福大学有一门非常受欢迎的课程，这门课程集合了教育学、心理学、医学和经济学等领域的最新成果。用四周的时间完成课程后，90%的人觉得对自己的行为有了更多的了解；84%的人认为能够控制自己的行为，有精力去追逐最重要的事情，提高了自己学习和工作的效率。这门课程的名字就是——自控力，授课者是凯利·麦格尼格尔。我们把自控力科学的课程引入到中小学生的培养中来，让学生意识到自己的意志力是存在问题的。失控是常态，自控就是意志力发生作用时的状态。

中华优秀传统文化倡导每个人都要有强大的自控力。心学大师王阳明说：“人胸中各有个圣人，只自信不及，都自埋倒了。”意思是说，每个人心中都有一个特别理想、完美的自我，只是大家没有朝这个圣人的方向去努力，去迈开脚步追逐，所以都“泯然众人矣”。

近代社会学家费孝通先生也说过：“各美其美，美人之美，美美与共，天下大同。”他从民族、国家的层面来谈社会大众的自我完美。如果我们把费孝通先生的观点微观到校园内，同学们都成了自己心中的圣人，成了完美的自己，同时借鉴他人之美来丰富自己的生命之美，我们的校园就能美美与共，成为大同校园了。

俞敏洪说，没有自我管理，人生难以变得更好。我们学校进行了两个层面的自我管理探索——校级层面和班级层面。

校级层面的管理包括自我管理机制、“自我管理校园红”。

“自我管理机制”即学生自主管理委员会，刚刚谈到的读书报告会，就是校级自我管理委员会的成员牵头，进而由班级自主管理委员会带动全体同学合力完成的：体育部负责座位安排，卫生部负责卫生打扫，生活部负责热水供应，文艺部负责节目的排练，文学部负责整场的主持，宣传部负责采访并在微信公众号上报道。各个部门分工合作，共同成就了一场优秀的读书报告会。

自主管理委员会的成员完全是民主竞选的：第一步，全员申报，准备竞选演讲、才艺展示和亲情支持；第二步，班级评选；第三步，年级小组竞选；第四步，学校竞选。评委是由随机抽取的400位学生组成的。

今年，七年级自主管理委员会建立的时候，同学们在舞台上尽自己所能演讲、展示才艺，自己班级的亲友团给他们做啦啦队，妙招百出，“海阔凭鱼跃，天高任鸟飞”，每一个席位的竞选都是激烈的竞争和精彩的互助。经过竞选胜出的这些学生都得到了同学们的认可，所以对他们的管理有极高的认可度。

在日常生活中，自主管理委员会会定期举行“自我管理校园红”活动，他们组织一批志愿者，头戴小红帽，在校园的各个角落给同学们以行为的指导和监督。“同学，你的拉链没拉好，要时刻保持我们信都学生的礼仪风范。”“同学，不要跑，自己摔倒，撞到他人，都是意外伤害。”“同学，不要大喊大叫，我们正在进行无声课间和安静校园的打造。”这样时时处处的提醒，让同学们自然而然多了自我控制，多了自我管理。

班级层面的自我管理包括自我管理班规划、自我管理我当家、自我管理一人跑、自我管理广阅读、自我管理事躬行。

第一，自我管理班规划。同学们从四面八方来到一个学校，组成一个班级，成为一个团队。人在一起只是团伙，心在一起才叫团队。怎样将学生的心连在一起呢？就是让他们对自己的班级进行规划，每个人都要带着对班级的主人翁责任感，设计班名、班徽、班级口号、班级目标，并把这些因素糅合在一起，制成班级“形象牌”，参与班级评选，因为班级“形象牌”是全体同学的智慧结晶，并且手绘悬挂在本班门口最显眼的地方，也就成了班级所有同学心中的图腾，大家也深刻地认同了班级目标！

第二，自我管理我当家。认同班级目标之后，就需要付出长时间的、不断的努力，这个过程需要督促，需要不断增强动力，所以，除了常规的班级自我管理委员会外，我们还构建了“自我管理我当家”的所有人参与

的“今日班长”机制，每天每班都有“今日班长”的交接，使交接成了一种仪式，仪式的庄严感提升了学生的责任心。

第三，自我管理一人跑。什么叫“一人跑”？就是全班同学跑步时就像一个人在跑，心念相通，步调一致。我们的跑操很有特色——前后无间隙、左右零距离、前胸贴后背、左肩靠右肩。如果有同学在跑步过程中注意力不集中，脚下步伐与其他同学不一致，班级的同学就会摔倒一片！其实在一开始训练的时候，每个班都遇到过这种情况，甚至有同学产生了畏难情绪，老师们也说为了同学们的安全，能不能不这样跑。其实，同学们在课堂上的思维是发散的，在老师的引导下，学科交织，思维碰撞，而到了课间跑操的时候，就需要把思维集中到一个点上，集中到跑操这件事情上来，这是思维的一种张弛有度。这样的跑操看似是体育锻炼，其实也是在进行自控力和专注力的训练。怎样提高学生的自控力和专注力呢？我仔细研究了凯利·麦格尼格尔的《自控力》这本书。凯利·麦格尼格尔极为推崇一个提高自控力的方法——冥想训练，我们进行了实践。我们在同学们的头上放了一本书，有个别好动的同学给他放一本大词典，头上有厚重感，他就能坐得住，有了定力。每天的冥想训练之后，同学们再睁开眼，就会觉得心澈澄明，能用更积极的心态、更充沛的精力、更强的专注力投入到后面的学习中去。

第四，自我管理广阅读。它的意思是自我管理也需要广泛阅读。这是苏霍姆林斯基极为倡导的，他所在的学校编制了一个“好书目录”，其中推荐了900多种图书给学生阅读，让学生在阅读中把杰出人物的形象印在脑海中，把优秀的习惯刻在心里。我校倡导“六项阅读”，每个学生每学期要读24本书，这24本书包含中华经典、中考必读、中外名著、现代美文。学校每天都安排一节阅读课，让学生和老师共同徜徉在书海中，用书中人物的美好品格来丰富自己，用书中的一些名言警句来勉励自己，用书中千奇百怪的故事来充实自己。

第五，自我管理事躬身。我们偌大的校园没有保洁工，全部都是由学生自己完成各项保洁任务的。“一屋不扫，何以扫天下？”当我们看到学生能够把被子叠得方方正正的时候，我们相信他们也能够做一个堂堂正正的人；当我们看到学生将自己的宿舍、教室、校园打扫得干干净净的时候，我们相信他们也会将自己的灵魂擦拭得一尘不染；当我们看到学生将各类物品摆放得井井有条的时候，我们相信他们也能将自己的人生规划得井然有序。

“两大工具”是指思维导图和自我管理日记。因为人类的发展和进步是与学会使用工具密不可分的。

第一个工具是思维导图。比尔·盖茨认为，未来社会属于了解脑力开发和思维导图的人。我把思维导图引入了课堂，其实不仅仅是课堂，在同学们做大周规划、活动策划的时候，都会用到思维导图。思维导图是融合了心理学、大脑神经生理学、语义学、神经语言学、信息理论、记忆和助记法、感知理论、创造性思维的伟大创举，它能够促进人类大脑的各个物理方面与智力技巧彼此协同地工作，进而提高记忆效果和办事效率。

第二个工具是自我管理日记。为什么把日记作为工具呢？其实，自我管理日记不同于私密日记，是公开的日记。自我管理日记要有三方面的内容：今天的收获、今天的反思、明天的计划。比如，有位同学这样写自我管理日记：

今天的收获：遇事不怨天尤人，尽快地去适应它或者改变它，面对表扬不骄傲自大。

今天的反思：今天受到老师的批评，没有用正确的心态去接受，没有管好自己的情绪。

明天的计划：管理好自己的情绪，让自己正确看待老师的批评与表扬。

同学们每天都严格要求自己写日记，而且每周都进行一次自我管理日记交流。通过交流，同学们提升了学习动力，激发了进取热情。

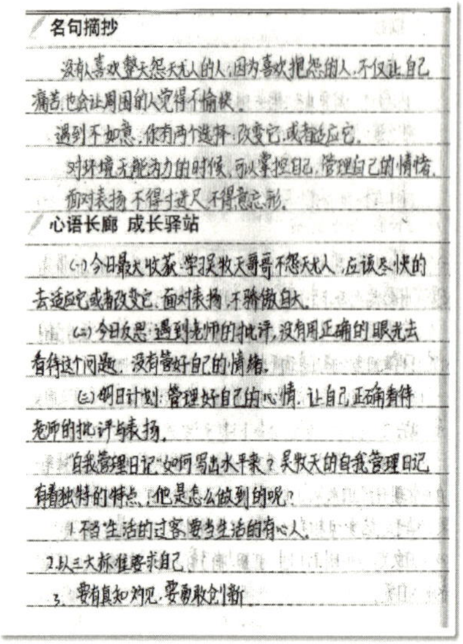

名句摘抄

没有人喜欢整天怨天尤人的人，因为喜欢抱怨的人，不仅让自己痛苦，也会让周围的人觉得不愉快。

遇到不如意，你有两个选择：改变它，或者适应它。

对环境无能为力的时候，可以掌控自己，管理自己的情绪。

面对表扬，不得寸进尺，不得意忘形。

心语长廊 成长驿站

(一)今日最大收获：学习吴牧天哥哥不怨天尤人，应该尽快的去适应它或者改变它，面对表扬，不骄傲自大。

(二)今日反思：遇到老师的批评，没有用正确的眼光去看待这个问题，没有管好自己的情绪。

(三)明日计划：管理好自己的心情，让自己正确看待老师的批评与表扬。

"自我管理日记"如何写出水平来？吴牧天的自我管理日记有着独特的特点，他是怎么做到的呢？

1.不做生活的过客，要当生活的有心人。

2.从三大标准要求自己。

3.要有真知灼见，要勇敢创新。

“三大重点”是高效学习、诗意生活、合作成长。

我校是基础教育的名校，很多学校都到我校进行过参观访问。评判一所学校的好坏，就要走进学校的教室，看一看学生在教室里的表现，看一看学生的眼神中有没有求知的渴望。来访者到我们的教室参观后都会感到很惊讶，因为大家从后门进入教室时，即便是有响动，也没有学生回头看。

曾经有位来访的校长问我：“卢校长，您是不是提前给学生说有参观的人来，让他们一定要认真地、专注地学习。”我说：“没有，我们学生的专注是常态。”他不太相信，要求我不要跟着，他自己去其他楼层看看。看过之后回到办公室，他很纳闷地问我到底是怎么做到的，我给出的答案是对学生施以高效学习的教育。课堂体系的构建，不单是课堂上教师怎样做，更多的是学生怎样做。学生是学习的主体，只有他们知道如何高效地学习，我们的课堂才会真正地高效起来。

我校在高效学习上倡导“三入三零一不要”。“三入”是入室即静、入座即学、入学即专，关键是入学即专，即专心致志、心无旁骛地学习；“三零”是听讲零低头、作业零抬头、声响零回头，明确地要求同学们知道眼前最重要的事情是眼前的作业、眼前的学习任务，其他窗外事与他们无关，要“泰山崩于前而色不变，麋鹿兴于左而目不瞬”；“一不要”不是指抓紧每一分钟学习，而是指抓紧学习的每一分钟，都要全情投入地学、全身心地学、高效地学！

经过持久的训练，学生们都养成了高效学习的习惯，在单位时间内能完成更多的任务、学到更多的知识。于是，学校敢于把45分钟的课堂缩短成37分钟，敢于把每天上午的四节课分成五节课，多出来的一节课作为全校统一的阅读课。因为阅读是写作的前提，也是拓宽学生视野、提升学生想象力的有效手段，还是我校开展诗意生活教育的基础。我校小学、初中都是全日寄宿制，学生们每天在学校里的生活就是教室、宿舍、餐厅、操场四点一线，如果没有诗意，看不到自己的生活和远方的话，他们也会像少年鲁迅一样，只看得见高墙围着的院子的四角天空，觉得自己的生活十分无趣，这会影响学生积极的人生观、世界观和价值观的形成。

我们力求在校园创造一种氛围，让学生们在躁动的世界里觅得安静，在喧嚣的环境中遇见专注，在行走的课堂中感悟幸福，在清浅的时光中享受生活。孔子说：“小子！何莫学夫《诗》？《诗》可以兴，可以观，可以群，可以怨，迩之事父，远之事君，多识于鸟兽草木之名。”高晓松说：“生活不只有眼前的苟且，还有诗和远方。”所以，我们力争让学生在校园生活中处处接触到诗，感受到诗。

生活中不是没有美，而是缺少发现美的眼睛；生活中不是缺少美，而是缺少美的表达。同学们进入学校，诗意的氛围会扑面而来，因为在同学们入学时拿到的一本叫《走向卓越》的册子的扉页上，我写上了诗意的语言并让同学们朗读出来。

培养习惯　奠基人生

孩子！

翻开这本书，

你已翻开崭新的人生，

你将告别随性，走向自控；

告别依赖，走向自立；

告别懦弱，走向自强。

步入中学，

世界将会更精彩，

情感将会更丰富，

认知将会更多元。

父母、老师、同学，

你将懂得感恩明事理。

祖国、社会、学校，

你将肩负责任勇担当。

世界、宇宙、未来，

你将全面成长筑梦想。

自控、自立、自强，

感恩、责任、成长，

这就是你的中学时代，

这就是我的中学时代，

这就是我们美好的中学时代。

环境是可以影响人的，同学们也开始我手写我心，一情、一物、一事、一景皆可入诗。有同学在游比干庙之后，写道：

封神演义世代传，比干忠义人人赞。

为国不惧掏心肝，祭罢忠魂挑重担。

校园的早晨，起床跑操，同学们也写了诗：

起床铃响不赖床，床铺整洁被子方。

分段洗漱水房畅，洗脸刷牙去操场。

口号铿锵有力量，步伐整齐斗志昂。

刻苦学习我最棒，复兴中华把名扬！

我校将每三周定为一大周，每大周都有一个主题，如安全、励志、勤学、笃行、知行等，每大周都有主题口号，也是向同学们征集而来的。在“安全周”中，同学们写出了“钗头凤版”的主题口号：

安全周，保安全，校园活动讲规范。

高低床，电风扇，设施安全冷眼看。

不追逐，不大喊，意外伤害离我远。

日三餐，常锻炼，讲究卫生身康健。

你微笑，我心宽，阳光行动悦心间。

安全周，保安全，健康平安重如山！

同学们学会了用自己的视角去发现安全隐患，包括运动安全、设施安全、行为安全、心理安全、饮食安全等。

同学们在生活中始终张开着诗意的眼睛，灵动地发现身边的诗意，同学们的心灵天空明亮了，世界也就更广阔了，同学们的诗被我们结集成书——《最好的我们》，并已出版。

合作成长是我们“三大重点”的重点。“一个人可以走得很快，但一群人才能走得更远”，在未来的社会中，一个人是寸步难行的，只有一群人心连心、手挽手，才能携手并肩，阔步向前走。鉴于此，在学校的教育中，我们给同学们创造了一个合作的环境，无论是学习的、生活的、思想的，还是个人的、小组的、班级的、年级的，都突出合作主题，培养学生的合作习惯。

比如，在9800人同时开学的日子里，同学们很明显地感受到了集体的温暖，感受到了合作的力量！9800名学生同时入学，送孩子来上学的车应该怎么停，安排不顺畅的话，同学们就不能顺利入学，就会增加家长送孩子的时间成本，也会平添学生的焦虑。

七年级所在的校园共占地278000平方米，有33栋楼。开学当天，九年级的志愿者会在校园的各个地方来帮助家长和同学，担当校园引导员："你是去9号楼吗？9号楼前面右拐，第二幢楼就是9号楼。"

进入宿舍楼，同样有九年级的志愿者担当内务指导员："你是6号铺吧？6号铺在这儿，你的被子需要这样放好。"

放好行李后，同学们去教室，教室门口有班主任和九年级的志愿者同时帮忙办理入学手续。同学们进入教室之后，九年级的志愿者又成了同学们的学习辅导员。有了九年级同学们的帮助，七年级的9800位学生同时入校时，路没有堵，家长们秩序井然。6点开始入校，11点的时候，校园就已经恢复安静了。

高效学习、诗意生活、合作成长这三大重点支撑了同学们的学习和生活。

"四种意识"是主人意识、民主意识、责任意识、荣誉意识。

"五种能力"是自我管理能力、人际交往能力、高效学习能力、组织执行能力和质疑创新能力。

其实这"四种意识"和"五种能力"并不像高效学习那样，我们可以用规范的语言表达出来，即在我们做好"一条主线""两大工具""三大重点"的基础上，学生在活动的体验中，自然而然地提升和提高，也可以在日常生活中表现出来，如开学典礼、结业典礼等。

开学典礼，每个学校都有，但我们在开学典礼时就着力突出四个要素。

第一要素，人人参与。常规开学典礼，基本流程是领导讲话—家长讲话—优秀学子讲话，学生鼓鼓掌就行了，鼓完掌，回教室。这样的活动，学生没有参与其中，收获不大。因此，我倡导开学典礼要让学生人人参与。

第二要素，形式新颖。各个环节要推陈出新、不落俗套，要让每位师生有眼前一亮的感觉。

第三要素，意义深远。开学典礼结束后，学生要能回味所得，能汲取成长的动力、燃爆成长的潜能、激发爱校的情感。

第四要素，时间九十分钟。如果人人参与讲话，时间太久了，整个开学典礼的时间最好控制在九十分钟之内。

我们围绕这四个要素，策划开学典礼。步入中学，每位学生都想开启自己美好的中学时代，每个人都有自己新的目标、新的憧憬、新的希望。所以，有一年，我们让学生把自己的目标、憧憬、希望写在彩色的小纸片上，集中起来掺在一起，分别装在一百门礼炮中。开学典礼现场，当我说到“梦想雨马上飘落”时，现场礼炮声齐鸣，一瞬间，整个天空都变成了彩色，所有的梦想卡都飞上了天空。同学们高举双手，像迎春纳福一样去接纳自己或者他人的梦想。

同学们接纳梦想卡后，回到教室，班主任要围绕开学典礼召开班会，让同学们把梦想卡拿出来读一读、品一品、议一议。同学们还要评选出最佳梦想，在大屏幕上滚动播放，用榜样的力量感召所有人。

形式新颖也要突出，每年都有不同。今年的开学典礼，9800位新生同时参与开学典礼，只是演员阵容就达到了600人。同学们提前将自己的梦想写到彩纸上，折成纸飞机，当我说到“让我们像草原上的雄鹰一样，向着太阳的方向放飞梦想”时，同学们同时将自己手中的纸飞机掷向天空。这时候，纸飞机再落入同学们的手中时，就换成了他人的梦想。现场，我们随机选了五位同学，让他们宣读自己接到的纸飞机上的梦想。这样，同学们不仅参与了，而且在选学生读梦想的环节有了很强的参与感。

在活动的过程中，因为同学们人人参与其中，强化了主人意识、民主意识；因为同学们随时有可能在公众面前亮相，荣誉意识、责任意识也在不断提升。在策划编排的过程中，同学们的人际交往能力、组织执行能力和质疑创新能力都得到了提升。

结业典礼，我们也重点突出了学生的作用。每年的结业典礼，都是在期末考试之后，老师们都去阅卷的时候进行，这个时间段真称得上是学生们的天地了。去年，老师们阅卷的时候，我把各班的班长们都叫了过来，对他们说：“同学们，在学校里，我们和老师、同学同吃、同住、同玩、同学、同成长，缔结了非常深厚的友谊。暑假之后，大家就要升级了，会分到不同的班级，会遇到不同的老师和同学。现在，马上就要进行结业典礼了，怎样让这一生一次不可重来的美好如花地绽放在结业典礼的舞台上呢？怎样在结业典礼上表达自己最美好的情愫呢？”

同学们七嘴八舌地说：“老师和我们拍了很多照片，能在结业典礼的时候展示吗？”

“好，我们有大屏幕，可以做一个视频。”

“结业典礼每次都是在白天举行，我们能不能改在晚上？晚上是不是更有感觉？”

“这个提议很好，可以考虑采纳！”

“我们心中最爱的人是班主任。我们要把班主任请到舞台上，让他成为结业典礼中最耀眼的明星。”

“这就更好了！”

对于以什么方式将班主任请上台，同学们说了很多方式，我提了五条原则。

第一是独特的方式。不管你用什么样的方式把班主任请上台来，一定要独特。

第二是独特的表达。每个班级都有自己独特的文化、独特的班级氛围，要用自己独特的方式表达对班主任的爱。

第三是时间五分钟。把班主任请到舞台上的时间，不能超过五分钟。

第四是安全的措施。在活动过程当中，要保证安全，避免乐极生悲。

第五是绝守的秘密。请班主任上台这个环节只能是开会的人知道，如果全部同学都知道，那就不叫秘密了，更不能让班主任知道，要在现场给他一个惊喜。

这个会开完之后的第三天，结业典礼如期举行。在距结业典礼开始还有五分钟的时候，有几位同学找到我，对我说：“校长，我们想见我们的杨老师了。”他们口中的杨老师是一个体重两百多斤的男老师，这位老师虽然体型彪悍，但心思缜密，对同学们的关怀无微不至，是同学们的心灵导师。但不幸的是，他之前遭遇了一场车祸，需要休息几个月。在病床上，杨老师还不辍工作，每天给同学们发语音，鼓励同学们认真学习，每天联系继任班主任，了解学生当下的各种情况，并且和家长们保持着非常密切的联系，所以同学们都非常喜欢他、想念他。听到同学们的请求，我立马咨询了杨老师的意见，杨老师同意后，我便请司机带上几位体育老师，把杨老师请了过来。

结业典礼上，有的班主任是在同学们的簇拥下，被推上来的；有的班主任是跟我们的同学深情款款地牵着手，一起走上台来的……而当那位杨老师拄着双拐被同学们簇拥着走上台的时候，全场感慨声一片。

在这样的活动中，同学们的“四种意识”和“五种能力”都得到了非常大的提升。

党的十九大重新规划了我们中国梦的实现阶段：2020年全面实现小康社会，2035年基本实现社会主义现代化，2050年把我们伟大的祖国建设成为富强、民主、文明、美丽的社会主义现代化强国，也就是实现中华民族的伟大复兴。同学们就是完成从“基本实现社会主义现代化”到“伟大复兴”这一阶段过渡的中流砥柱。我们要奉行邓小平同志提出的“三个面向”——面向现代化，面向世界，面向未来，抓住立德树人的根本任务，培养健康的、健全的人。我愿和大家一道站在教育的舞台上，为天地立心，为生民立命，为往圣继绝学，为万世开太平！

谢谢！

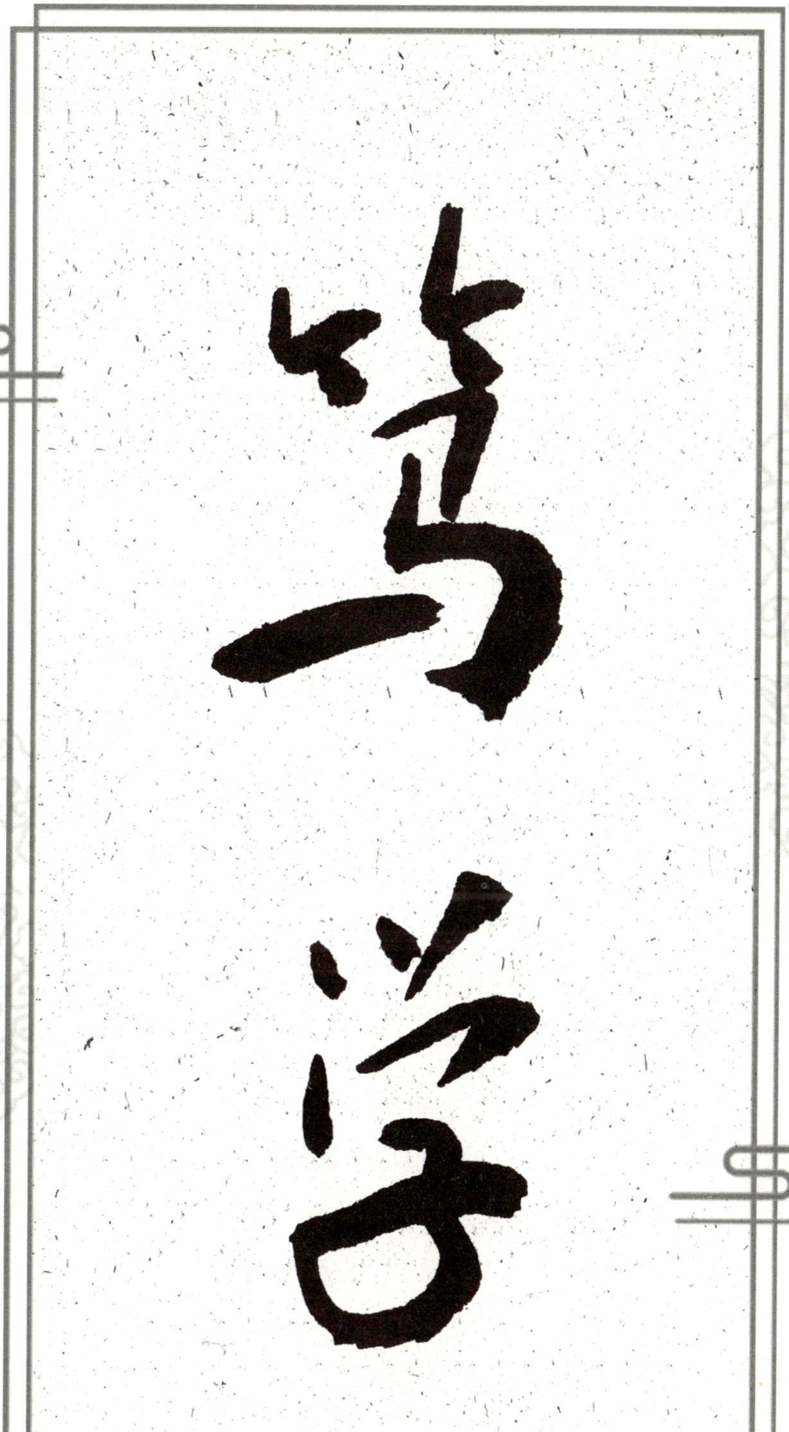

笃学——以学为本必有成

向美而生
向阳成长

红伟

尊敬的老师们，亲爱的同学们：

大家下午好！

这周是“笃学周”，在“笃学周”中，我们将迎来一次和前两次不一样的考试，这次考试是我们初中阶段第一次记入成长档案的考试。我们前两次考试是月考，那叫练兵，而这次的期中考试将会是初中阶段的一个重要节点。七年级一共有四次大型考试，即第一学期的期中考试与期末考试，第二学期的期中考试与期末考试。学校会综合这四次的考试成绩，在同学们升八年级的时候发放奖学金。也就是说，这一次期中考试，在某种程度上决定着同学们能否获得那份有特殊荣耀的奖学金。

那么，在“笃学周”中我们应该怎么做呢？

笃学，就是认真地学，全身心地学。有人说，学校是学习的场所，因此他建议把学校各个地方的名字都改一下，同学们一起来听一听。

他说，教室应该改为“学文堂”，就是学习文化、科学知识的场所；宿舍应该改为“学寝室”，就是学习怎样就寝的场所；餐厅应该改为“学餐厅”；厕所应该改为“学厕房”……这样来讲，我们学校，时时是学习之时，处处是学习之处，人人是学习之士。

在前两周，我们学了人情事理，学了纪律规则，学了人品道德。在“笃学周”里，我们将侧重于学习文化知识。那么，怎样才能学好文化知识呢？怎样才能在学好文化知识的基础上直击期中考试并取得好的考试成绩呢？在此，我给大家提五个方面的建议。

第一，像周恩来一样志学。

每一位同学在进入学校大门之前，都能看到学校明正楼北侧有一行大字——为中华之崛起而读书，这是周恩来在少年时代就立下的鸿鹄之志。在我们七年级的《家校沟通手册》上，我们也给大家树立了两个精神偶像——“近学吴牧天，远学周恩来。”当然，我们每个人的心中都有着自己的志向、自己的理想和自己的目标。《学记》有言：“凡学，官先事，士先志。”本大周，你只要树立一个近期的小目标，然后努力地、专心地、奋发地学习，就能够赢得期中考试。

第二，像颜回一样乐学。

颜回是孔子最喜欢的学生，孔子曾经夸颜回：“一箪食，一瓢饮，在陋巷。人不堪其忧，回也不改其乐。贤哉！回也。”不管条件如何艰苦，颜回始终在孜孜不倦地学习，并以乐而忘忧的态度投入到学习当中，这就是乐学精神。在考试来临之前，我们同学也应当像颜回一样，不管多么辛苦，不管多么枯燥，我们仍然要以乐学的心态去勇攀知识的高峰。

第三，像毛泽东一样静学。

这个“静”字是指内心安宁、宁静。只有心静如止水、心无旁骛，才能把知识装进心里。年轻时的毛泽东曾多次在车水马龙、人来人往的城门口、闹市安静地读书，旁若无人。我们同学当中也有这样的例子——有同学在早操之前，拿着小纸条在那儿静静地学习，有同学在他身边说话，不闻；有同学在他旁边系鞋带的时候撞了他一下，不问。这就是一种内心的宁静。我们在高效学习中倡导的入室即静、入座即学、入学即专这“三入”，也是要求每个同学保持内心的宁静去静学。

第四，像孙敬一样勤学。

读书需要心力，就是精神专注知识的能力。“头悬梁，锥刺股”的故事，大家已经耳熟能详。去年，七年级的同学在参加远足活动的时候，应该都看到了滨湖文化广场上孙敬的雕塑，很多同学还与孙敬的雕塑合了影。当时我就告诉同学们，合影不是目的，关键是合完影之后，如何把孙敬“头悬梁”的勤学精神融入自己的血液中，养成勤学的习惯，践行孙敬的勤学精神。当然，我们不提倡同学们用绳子把头发绑在房梁上，更何况，现在我们同学的头发都不长，想绑也绑不上，但是，这种勤学精神我们还是要学习的。

第五，在老师的指导下会学。

有人曾说：“成功其实是一件很简单的事情，只要方法正确。”我们的老师为什么能够把每一节课都上得很精彩呢？其实是因为他们在上每一节课之前，都会做精心的准备。对于每节课，老师都会经过四轮备课，也就是说，在上课之前，老师已经在心中把这节课上了四遍了：第一遍，自己先想想怎么上；第二遍，进行组内研究，这节课怎么上效果最好；第三遍，每位老师会根据本班同学的特点再去修改；第四遍，把教案融入心中，这样上课时，就能够和同学们进行更好的交流。所以，同学们要从老师的精彩讲授中受到启发，学会学习方法，学会听课，抓住关键的知识点，前后联系，纵向比较，把知识融会贯通后装进自己的头脑中，这样才能在期中考试当中取得理想的成绩。

同学们，今天是“笃学周”的开始。一个笃学的人，必定能成为一个学识渊博的人；一个学识渊博的人，必定能成为一个对社会有用的人。在这周里，我们全体师生要一起志学，一起乐学，一起静学，一起勤学，一起会学，近为期中，远为人生，打下良好的基础，开创美好的明天！

谢谢大家！

提升

提升——在总结得失中蓄力发展

品悟·成长

向美而生
向阳成长

红伟

尊敬的老师们，亲爱的同学们：

大家好！

在这个“杨花落尽子规啼”的美好时节，我们召开期中考试表彰总结大会，内心感到无比激动。

我现在站的这个地方，曾有很多优秀的同学和老师带着荣誉和梦想骄傲地走过。他们当中，有的获得了学业成绩卓越奖、学业成绩进步奖，有的获得了卓越教师、卓越班级和卓越教研组的称号。此时此刻，我站在他们曾经走过的地方，心中有无限感慨，也十分激动，满满的正能量在胸中喷涌，干事创业的激情在心里燃烧。

我们这次大会是表彰总结会，表彰后还有总结。表彰是为了展示荣誉，展示风采；总结是为了明确优势，让自己步入成长的“快车道”。在此，我想送给大家六字箴言，这六个字都读“jing”。

第一个是安静的“静”。

这里的“静”指的既是我们常讲的入室即静的“静”，也是诸葛亮《诫子书》中“夫君子之行，静以修身，俭以养德。非淡泊无以明志，非宁静无以致远”讲到的内心宁静的“静”。

我们在教室里保持的安静，在听会时保持的安静，都是一种外在的静。而内心宁静则是一种广阔的胸怀，是内心里物我两忘的平和，是“不以物喜，不以己悲”的心态。内心宁静者能坦然面对紧张、疲惫、冲动、愤怒、得意、失意、痛苦、绝望、虚荣、贪婪等各种情绪，珍惜人生，拥抱生活，在惬意中品味生活的甘美与芬芳。

有一个非常经典的案例给了我们很深的思考。道家学派有个著名的人物叫列子，传说列子射箭的技术非常好，可以在离箭靶百步的距离处同时射出三支箭，其结果是第一支箭冲着靶心穿心而过，从而在靶心处留下一个窟窿，紧接着第二支箭顺着这个窟窿“嗖”地穿过去了，最后，第三支箭也同样穿心而过。他练好这项绝技之后，自认为天下无敌了，就开始遍访天下箭术名士，对他们进行挑战。

后来，经多处寻访，列子找到了大家公认的箭术最好的人。列子去拜访时，看见一老者正在编草鞋，便说：“他们都说您射箭最好！我想跟您比试一下箭术，看看谁才是天下第一。”老者抬头冲他微微一笑，手里继续编着草鞋，并和蔼地对他说：“好，年轻人，你先来吧。”

列子精神抖擞地拿出弓箭，左手一搭向前伸平，然后在上面放了一碗水，右手拉弓开箭，屏息凝视，“刷刷刷”三支箭全部离弦，箭箭射透靶心，而且胳膊上的那碗水纹丝不动，一点儿也没有外溢。

看到这个情况，周边的人掌声如雷，都夸列子箭术好。列子心花怒放，轻轻地把碗放到地上，非常恭敬地说：“老先生，您来。”老者说：“在这儿，我不跟你比，真正要比射箭，你得跟我去个地方。”

于是，他领着列子出小院，走闹市，穿山林，过山岗，后面一直有一群人跟着。过了半山腰，老者还在继续攀登，后面跟着的人都累得喘不过气来了，埋怨说：“这哪里是在比射箭，这明明是在比登山！”

“山登绝顶我为峰”，众人终于登上了山的最高处，这是一处“手可摘星辰”的悬崖峭壁。爬到顶峰之后，很多人都直接趴在了青石上，呼哧呼哧地喘着大气，而那位老者却脸不红、气不喘，闲庭信步般地继续往前走。再往前走，就是万丈深渊了啊！这时候，列子急道：“老先生，老先生，您不要再往前走了，前面是万丈深渊。您射箭比不过我没关系，可千万不要自寻短见啊！”

老者看了他一眼，微微一笑说："我拿着箭呢。"接着，老者信步走到悬崖边上，慢慢转身，然后就像跳水运动员一样，用他的前脚掌蹬在了悬崖的边上，后脚跟全部悬在半空中！

此时的列子以及围观群众都瞪大了眼睛，心怦怦地狂跳。风呼呼地吹过，老者的胡须随风飘动，衣袂也随风翩翩舞动。只见老者猛地拉弓放箭，"刷"的一下，就跟射中一块豆腐一样，前面一棵松树的树干直接被射穿了一个洞。然后，老者平和地对列子说："年轻人，你来。"

列子硬着头皮走到悬崖边上，往下一看，腿肚子都软了，哪里还能射箭呢。此时，列子心服口服，用佩服的眼神看着老者。老者拍拍他的肩膀说："年轻人，真正的高手是什么？是任何时候都能保持心中的宁静。在平常的情况下有超常的发挥，叫优秀，在非常的情况下有正常的发挥，叫卓越。三支箭同时射出去，你胳膊上的那碗水纹丝不动，说明你的射箭技术已经达到了优秀的程度，但也只说明了你在平常的情况下能有超常的发挥。可是，一旦站在悬崖边上，你的心就乱了，你的技术还能够正常发挥出来吗？"这就是优秀与卓越的区别，也是我们有没有做到内心宁静的区别。

这次期中考试是我们一年四次大型考试当中的一次，但是和我们的整个人生之路相比，就是沧海一粟了。"勤学周"启动会上，我跟大家说过，我们有知识之考，有学业之考，有人生之考。与学业之考相比，这次期中考试就如同列子在胳膊上放一碗水，站在平地上射箭一样，属于平常的考试，不属于在非常情况下的考试。什么是非常情况下的考试？初中毕业时的中考，高中毕业时的高考，大学毕业时的答辩等，这都是分水岭式的考试，谁在这些非常情况下能心不慌、意不乱，发挥出正常水平，谁就能有卓越的表现。

所以，同学们就要从现在开始，从这次期中考试的表彰总结开始，静下心来学习。受表彰的同学不要得意，没受表彰的同学也不要失意，我们拼的是谁在任何情况下都能保持平常心，比的是谁能笑到最后。

第二个是经纬度的“经”。

经纬度是地理概念中经度和纬度的简称，根据经度和纬度，我们能精准地确定位置。这个“经”可以要告诉我们什么呢？就是告诉我们一定要找准自己的位置，明确自己的角色。

关于对自己的定位，《论语》中有这样一个故事：“季氏使闵子骞为费宰。闵子骞曰：‘善为我辞焉。如有复我者，则吾必在汶上矣。’”季氏是鲁国三公之一，权倾一时，他想提拔孔子的学生闵子骞做他的采邑费地的长官。按一般人的想法，肯定心花怒放，千恩万谢的。但闵子骞受孔子教育，受曾子等同学的影响，日省自己，有很强的自知之明，对来请他的人说：“好好替我辞掉吧。如果有人再来找我，我一定逃往汶水北岸去。”

孔子对自己的学生也有明确的定位，他评价子路：“由也，千乘之国，可使治其赋也。”意思是拥有一千辆兵车的国家，可以叫他来掌管军事。他评价冉求：“求也，千室之邑，百乘之家，可使为之宰也。”意思是他可以当有千户居民大邑的邑长，可以当有百辆兵车封地的总管。孔子并没有含糊地说子路可以管理军事，冉求可以当邑长，而是很明确地说出千乘之国、百乘之家，明确了范围，可见定位之准。孔子还说公西华：“赤也，束带立于朝，可使与宾客言也。”意思是他可以穿着整齐的礼服，用外交辞令接待外宾。孔子还比喻子贡为瑚琏，说颜渊“用之则行，舍之则藏”，等等。孔子的学生在他的教导下都有着高尚的道德，准确的个人定位。

我们也要像孔子的弟子一样，反观自己，看看经过这次考试，自己在班级中排在什么位置，每个学科的成绩又排在怎样的位置。找到自己的定位，就能够在当前的位置上正确地分析得失，真正做到扬长避短。用最有效的方法，把最充沛的精力投入到你最需要努力的那门学科中。找准角色，找好突破口，争取做更好的自己。

第三个是干净的“净”。

一方面，心灵要纯净。中国有一部世界上最早的专门论述教育和教学问题的论著——《学记》，它是中国古代典章制度专著《礼记》中的一篇。《学记》中体现的古人的教育思想，历经两千多年的考验，仍然熠熠闪光。里面有这样一段话：“不学操缦，不能安弦；不学博依，不能安《诗》；不学杂服，不能安礼；不兴其艺，不能乐学。故君子之于学也，藏焉修焉，息焉游焉。夫然，故安其学而亲其师，乐其友而信其道。是以虽离师辅而不反。《兑命》曰：‘敬孙务时敏，厥修乃来。’其此之谓乎。”讲的就是君子如何做到心灵纯净，一心向学。

一位合格的、优秀的学生应该是课内、课外都心心念念于学习的，内心纯净无他，才艺和主课并重，主课学习有主攻方向，业余爱好广泛多样。这就要求我们坚守内心情志，即藏；争取阶段成功，即修；课下业余时间学而不辍，即息；同时不忘交游，即游。无论何时何地都要“安其学”，也就是把心放到学业上，把心灵纯净到让学习占主体，专心、刻苦，及时领悟老师所教、自己所学，就能修成学业。

另一方面，我们的环境要整齐干净。当优秀班主任上台发言做经验介绍的时候，无一例外都谈到了创造良好的环境。“孟母三迁”，是为了寻找干净的社会环境；“首孝悌，次谨信。泛爱众，而亲仁。有余力，则学文”，是为了营造和谐干净的心理环境；“一屋不扫，何以扫天下”，是为了拥有干净的学习环境。心理学研究表明，整齐干净的环境有助于提高学习效率。大家可能有这样的经历，学习过程中，总要花一些时间来找笔，找书，找本……找各种各样的东西，或者整理一下书籍，清洁一下桌面等，然后才能重新回到学习状态。这样一来二去，学习效率就降低了，心情也受到了影响。所以，整齐干净的环境是高效学习的保障。

第四个是路径的“径”。

径

选择什么样的方向，就选择什么样的路径。有人说，“条条大路通罗马”，“三百六十行，行行出状元”。即便是这样，我们也要为自己选择一条合适的路径。路径的选择是有要求的：第一，要有平静的心态；第二，要对自己有一个明确的定位；第三，要对自己的情况进行客观冷静的分析，这样才能够冷静地选择出属于自己的路径。

路径选择好之后就是坚持，所以这个“径”还有一个坚持的含义。大哲学家苏格拉底教学生的时候，有学生问他：“您是怎样成为这样赫赫有名的哲学家的？”苏格拉底微笑着说：“我教你们一个秘诀。”学生们一听有秘诀，都很兴奋，竖起耳朵听老师到底会教授什么样的秘诀。苏格拉底缓缓地说：“从今天起，大家每天甩手300下。”他边说边做示范，还强调一定要每天甩300下，时间不定。

说完之后，苏格拉底转身走了。第一天，学生们“刷刷刷”开始甩；第二天，又“刷刷刷”地甩；第三天就成了“稀里哗啦”地甩；第四天，“寥寥无几”的人在甩。等到第七天，苏格拉底问：“我说的这个秘诀你们谁还在坚持？”有五个学生举了手，剩下的学生都没有举手。学生们都看着苏格拉底，以为他还有什么话要说，结果，苏格拉底什么也没说，转身又走了。

就这样过了整整一年，在学生们都快把这件事忘了的时候，苏格拉底忽然又问：“谁还在坚持每天甩手300下？”这次，只有一位学生举起了手，这个人就是后来举世闻名的大哲学家柏拉图。

孔子曾称赞他的弟子颜回：“回也，其心三月不违仁。”颜回就是这样会坚持做某件事的人，既已选择了仁的思想，就在行动中坚持去做，所以他被尊称为“复圣”。路径选择之后的坚持尤为重要，“只要功夫深，铁杵磨成针”！

第五个是尊敬的“敬”。

自古以来，凡成功者都懂得放低姿态，尊敬优秀的人。虽然同是学生，也需要放低姿态，谦虚地向他人请教，因为每个人都有长处，都有值得自己学习的地方。因此，我们要看其他优秀的同学是怎么学习的，我们又是怎么学习的；看他们又是怎样的状态，我们又是怎样的状态。同时，还要对照获得学业成绩进步奖的同学，看他们通过了怎样的努力，运用了什么方法，才做到了一骑绝尘致千里。

第六个是镜子的“镜”。

我们要以史为镜，“史”就是书中的案例。我们开展了“海读博览大漂流”活动，同学们都读到了很多书，书中有很多优秀的案例、优秀的人、优秀的方法、优秀的启发和思考，这些都可以作为我们的镜子。

我们要以铜为镜，看看镜子里的自己是否做到了面净、发理、衣整、钮结、头正、肩平、胸宽、背直，时刻保持自己的形象。

我们还要以自己的内心为镜。《论语》中言：“吾日三省吾身：为人谋而不忠乎？与朋友交而不信乎？传不习乎？”这句话说的就是人要以心为镜，不断地反思、不断地总结，在反思中总结，在总结中反思，在总结、反思中提升自己的能力。

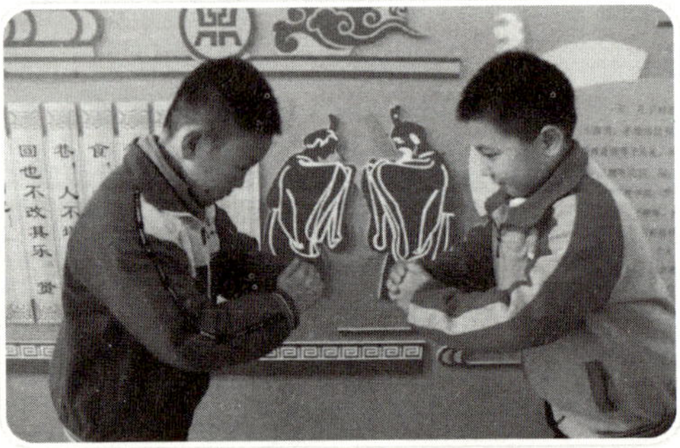

同学们，今天在期中考试表彰总结会上，我提到的这六个“jing”字，第一个“静”是统领全篇的身心俱静；第二个“经”是定位角色；第三个“净”是纯净心态；第四个“径”是选择坚持；第五个“敬”是放低姿态；第六个“镜”是对照反思。希望我们全体师生以本次期中考试表彰总结大会为契机，认定目标，不断攀登，不达目的，决不罢休，争取自己辉煌而灿烂的明天。

谢谢！

知行

知行——知行合一，实现梦想

向美而生
向阳成长

红伟

尊敬的老师们，亲爱的同学们：

大家下午好！

“纷纷暮雪下辕门，风掣红旗冻不翻。”今天天气很冷，我们现场的气氛却是非常热烈的。期中考试以后，尤其是拿到成绩单的时候，我听到很多同学这样说：“哎呀，这道题我明明会啊，怎么就做错了呢？”有同学说：“哎呀，这道题我都不会答，居然蒙对了。”还有同学说：“哎呀，这次考试，我会的全部都做对了，减分的项都是我还不会的问题。”这三种说法反映的就是我们本大周要和同学们讲的重点——“知”与“行”的问题。如果我们做到了知行合一，就能够创造奇迹，实现梦想！

在“知行周”开始的时候，我要和大家共同回顾一段所有中国人都不应该忘记的历史。

1934年10月，在国民党百万大军的围剿之下，中央红军一支8万余人的队伍，被迫从江西出发，进行战略性的大转移。当时的情况是这样的：头顶上空每天都有几十架飞机狂轰滥炸，地面上每天都有几十万国民党军队围追堵截，但是我们的中央红军凭借着自己坚强的意志和高超的智慧，四渡赤水，巧渡金沙江，强渡大渡河，飞夺泸定桥，翻过了人迹罕至的雪山，走过了泥泞不堪的草地。1936年10月，红一、红二、红四方面军最终在甘肃会宁胜利会师，这段经历被称为长征。

为什么我们要在“知行周”的时候谈这段长征的历史呢？因为长征就是知行合一最典型的代表。长征的时候，中央红军八万余人的队伍，每个人心中都有坚定的革命理想和信念，坚信正义事业必定胜利，他们走过十一个省，翻过十八座山，跨过二十四条河，行程约两万五千里，最终取得了伟大的胜利。

在“知行周”开始的时候，在期中考试刚刚过去的时刻，我希望每个同学都能够发扬长征精神。长征精神就是坚持不懈、百折不挠、勇往直前、坚韧不拔的精神。毛泽东曾经评价“长征是宣言书，长征是宣传队，长征是播种机”。我希望这段历史也在每个同学的心中播下一颗种子，让我们每个人都做一个知行合一的梦想者。

要做一名真正的知行合一的梦想者，我们要从以下五个方面付出努力。

第一，一个知行合一的梦想者，必须要有清晰的目标。

美国的思想家爱默生这样说过：“一心向着自己目标前进的人，整个世界都会给他让路。”在此，我给大家举一个例子，她叫刘颖，现年只有29岁，注意这个年龄，同学们想想，你们大学毕业的时候大概多少岁？大学毕业以后再加上三年的研究生时间，再加上几年博士生的时间，毕业的时候，怎么说也得30多岁了吧！可是，29岁的刘颖现在已经是北京大学分子医学研究所研究员、北京大学博士生导师。

当媒体记者采访刘颖的时候，她说：“我之所以能够取得这样的成绩，完全是因为我有一个清晰的目标。在我上初中刚刚接触生物课的时候，我就感觉生物的世界非常奇妙，于是就萌生了探究生物世界、探究生命理论的想法。到了高中，我开始接触生物学，生物学是高中的必修课，更加坚定了我学习生命科学的决心。我觉得生命科学能够满足我探究未知世界的好奇心，所以高考填志愿时我只填了南京大学生物专业这一个专业。”她如愿以偿，考上南京大学以后，又清晰地确定了自己的目标。她说一定要申请自己的课题，构建自己的研究团队，而且要把这个研究延伸到国外。后来她成了北京大学的一位博士生导师，她带的博士生中，比她年龄大的比比皆是。刘颖的事例告诉我们，一个人一定要给自己的梦想定一个清晰的目标，并付出努力，终有一天能够达到目的。

第二，一个知行合一的梦想者，必须要有良好的心态。

2016年6月，《心理学前沿》杂志上刊登了三位英国心理学家联名撰写的一篇文章——《卓越的冠军、冠军和稍差的冠军运动员之间的重要异同》。这篇文章引起了很多人的热烈讨论。不知道大家还记不记得，上一次跟你们交流的时候，谈到人分两种：一种是优秀的，另一种是平庸的。优秀的人又分两种：一种是卓越的，另一种是优秀的。他们的差别在哪里呢？差别就在于对待某件事情是否倾尽全力去做了。

这三位心理学家采访了54位世界上从事各项竞技体育的各国运动员，得出了结论：区别这些运动员的不是他自己的天赋，不是训练的环境，也不是教练的水平，而是他们自身面对困难、挫折、挑战和失败时所抱有的心态。心态好，他就是一个卓越的运动员；心态一般，他就是一个一般的运动员；心态稍差，他就是一个稍差的运动员。

谈到这儿，我想起了这样一个事件：2016年8月19日的晚上，一个年轻的生命永远地离开了这个世界，这个人叫玉玉（化名）。她以568分的成绩考上了南京邮电大学，但是一个骗子将她9900元的学费全部骗光了。这9900元相当于她一家人两年的收入，是他们一家人凑了很长时间才凑齐的。她非常悲愤，然后和自己的父亲到公安局报了案，回家的时候却因心脏病突发而猝死。这一事件引起了很多人的讨论。

我们在愤慨于骗子不道德的行为时，也应该想一想玉玉个人的心态问题。面对将近自己家庭两年收入的9900元被别人骗走的时候，她的心情是悲愤的，本来身体健康的她却因为心脏负担过重而猝死。试想，她如果有着良好的心态的话，还可以有很多选择、很多方法，但是她没能及时调整好自己的心态，悲剧就这样发生了，这一条生命的消逝让很多人都感到惋惜。

第三，一个知行合一的梦想者，必须要有执着的精神。

2016年里约奥运会，我在8月19日那天守在电视机前，看了林丹和李宗伟之间的比赛，这是羽毛球界最为著名的两个羽坛老将的半决赛的角逐。最终，林丹以1：2输给了李宗伟，这是他在世界大赛中第一次输给李宗伟。这次里约奥运会可能是林丹的最后一次奥运之旅，也可能是他最后一次参加世界大赛，因为在此之前，林丹就已经有了退役的想法。在退役的想法萌生之后，他的世界排名一度从第1名滑到了第226名。可是这次里约奥运会，他的老对手李宗伟报名了，他也选择了报名。赛后，李宗伟激动地表示："我想感谢林丹，我最伟大的对手。"林丹在接受媒体采访的时候，也感谢李宗伟，说是李宗伟促使他再次拿起了羽毛球拍，再次冲向世界大赛。

其实林丹与李宗伟之间的对决，体现的就是一种执着的精神。如果没有李宗伟等这些优秀运动员的执着，就没有林丹在羽毛球上的执着。执着的对手，终将造就卓越的自己。所以，这次期中考试以后，我们每位同学也要寻找一个目标，看看你想挑战哪位同学，看看你能不能以你执着的精神去促进你的同学、朋友也成为一个卓越的人。

第四，一个知行合一的梦想者，必须要有实践的毅力。

2016年8月16日的晚上，墨子号量子科学实验卫星在中国酒泉卫星发射中心发射成功了。这是世界上首颗量子科学实验卫星，美国、俄罗斯等航天大国为之汗颜，因为中国首先取得了成功。

2016年的10月17日，景海鹏、陈冬两位航天员乘坐我国自主研发的神舟十一号载人飞船飞向了太空，并在太空中与天宫二号完成了完美的对接，随之在天空中做了美好的宣言。这是令世界瞩目的事情，当然这也是很多科学家默默无私地用“板凳甘坐十年冷”的毅力去研究、实践的结果。

今年暑假，学校组织六年级的同学去北京参加了一次研训营。哪些同学参加了，举起手来让大家看看。好，我们现场有很多同学参加了。

当时，很多同学说：“我们六年级都毕业了，还是回家吃妈妈给我包的饺子，玩电脑吧！”可是，仍然有200多名同学毅然选择了参加北京研训营。他们游览四方景致方知世界之大，参观高等学府方知学问之深。在北京度过的6天时间里，他们去了清华大学、北京大学、中国人民大学，而且在北京吉利大学的一个实践基地学了篮球、绘画、书法等，获得了不一样的成长，取得了不一样的成功。

有一位同学在回来之后，他妈妈问他感觉怎么样，他说：“我们这一次的实践活动太好了，让我对世界有了更深刻的认识，让我的思维方式都变得更多元了。”

第五，一个知行合一的梦想者，必须要有创新的勇气。

正所谓“最好的学习在路上”，因为我们是要做到知行合一、创造奇迹的，所以今天给大家说的大都是令世人瞩目的大事。

2016年的9月4日，全世界的舆论焦点都投向了中国杭州，因为杭州正在召开G20峰会，有世界二十个国家的集团领导人齐聚杭州。这次是G20

峰会第一次走进中国，并且选择了杭州。杭州不仅有“上有天堂，下有苏杭”的美誉，而且更重要的是，这个城市有不按套路出牌的创新意识，有实现“弯道超车”的勇往直前的意识。杭州最近有一个新的外号，叫“天堂硅谷”。“天堂”是指它的风景美，“硅谷”是指它的创新精神，正是因为杭州的创新，才使它成了国际瞩目的焦点，也成了这次G20峰会的举办地。

那么，我们同学自己呢？如果我们善于创新，有创新的意识，有完善自己、提升自己的勇气，我们也能够成为最好的自己，也能像刚才站到讲台上的同学们一样，令人瞩目。

在“知行周”开始的今天，让我们弘扬长征精神，高举复兴中华民族的伟大旗帜，确立清晰的目标，拥有良好的心态，贯彻执着的精神，增强实践的毅力，获取创新的勇气，在学习和实践中完善自己，完善他人，在竞争与合作中成就自己，成就自己的班级。

谢谢！

方法

方法——把最充沛的精力投入到最重要的事情上

向美而生
向阳成长

红伟

尊敬的老师们，亲爱的同学们：

大家上午好！

在我们的学生群体中，我发现有这样一部分同学：考试的时候表现突出，学习成绩名列前茅，老师见了都给他点赞，同学见了都给他加油。这部分同学，好像天生就是为学习而生的，他们“不可一日不学习”，如果一日不学习，就如同“食无肉，居无竹”般索然无味，就连天空都是灰暗的了。这部分同学就是人见人爱、花见花开的学霸群体！

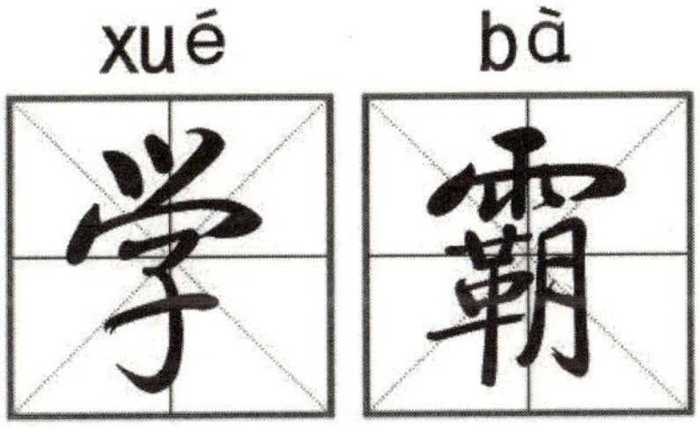

成为学霸是每个人学生时代的美好愿望，我曾询问过一个非常优秀的学霸，他创造了“信都第一名”的历史：从七年级到九年级，每次考试，在八千余名学生中，都是排名第一，到九年级毕业时，他是冀州区的中考状元。

后来，我和他交流：“你创造了‘信都第一名’的历史，你是一个优秀的学霸，名副其实的学霸，你能解释一下成为学霸的原因吗？”这位同学微微一笑，对我说：“老师，彪悍的人生不需要解释！”那神态有着一种天生我才的骄傲和舍我其谁的气势。

大家想想，真的是“彪悍的人生不需要解释”吗？学霸就是天生的吗？当然不是！

我们所有人的“大学霸”“老学霸”，被传颂了两千多年，现在仍以学霸著称的孔子都说自己“非生而知之者”，是“敏以求之者也”，即知识是学出来的，能力是练出来的。学霸也不是天生的，而是学出来、练出来的。奥斯特洛夫斯基用一本书告诉我们钢铁是怎样炼成的，我也想用一项研究来告诉大家学霸是怎样炼成的！

注意听，重点来了！我是怎么进行研究的呢？首先，我具备三个基本条件：第一，我学了一些教育学、心理学、脑神经科学的知识，“人生一切难题，知识给你答案”，知识是基础；第二，1995年河北省中考武邑县的第二名就是我，我也算是一个资深的“老学霸”，我的经验可以用来做参考；第三，我们学校同年级的学生多，研究对象具有代表性和广泛性。

在经过一段时间的研究之后，我发现，无论是哪一门科目的学习，同学们都可以分成三个层级：第一个层级是“学平生”，第二个层级是“学强生”，第三个层级是“学霸生”。大家看，这三个层级之间要经过几次飞跃？（学生答：两次）

那怎么由“学平生”一跃成为“学强生”呢？又怎么由“学强生”飞跃到“学霸生”呢？大量案例表明，如果想由“学平生”飞跃到“学强生”，需要提升精力管理；如果想从“学强生”飞跃到“学霸生”，则需要提升记忆管理。那么，问题来了，怎样才能提升精力管理和记忆管理呢？

精力管理有四大方面：第一，要管理自己的体能精力；第二，要管理自己的情绪精力；第三，要管理自己的思维精力；第四，要管理自己的意志精力。

第一，体能精力。

有同学说："我身高160厘米，同龄好友却身高180厘米，并且体重为200斤，体能上我是怎么也拼不过他的。"那么，能跑8000米的同学，体能就一定超过能跑800米的同学吗？其实，这是有概念误区的，这里的"体能精力"和"体能"是两个概念。体能精力指的是我们用自己健康的体魄、充沛的精力，为我们的学习提供源源不断的动力。

体能精力就像汽车里最重要的发动机部件——引擎，能给我们提供源源不断的动力。所以，我们每天进行的眼保健操、课间操等项目的锻炼，都是为了让我们获得充足的体能精力，这样，同学们才能够全身心地投入到学习当中。

第二，情绪精力。

这次开学，我看到绝大部分同学的脸上都洋溢着笑容，来到美丽的学校，见到亲爱的老师，见到自己朝思暮想的同学，他们非常开心。但也有一部分同学耷拉着脸，甚至，我还见到有一位家长在校门口训斥了他的孩子，因为那孩子不愿意进学校，都快哭了。

可想而知，同学们如果抱着抵触的心态来上学，那还能学好吗？肯定不能。所以说，情绪是什么？情绪就像是汽车里的火花塞，如果情绪发生变化，不正常了，那这个火花塞就点燃不了我们学习的热情，激发不了我们学习的动力。

第三，思维精力。

今年暑假，我做了一个很大的决定：我要读书，我要奋进！于是，早晨6点起床以后，我摊开一本书，拿出笔和本，想让自己认真读书一个小时。结果，眼神一飘，看见了一本《老夫子漫画》，心想："要不先看一会儿《老夫子漫画》，调节一下情绪，再看书？"这个想法一升起来，我就不由自主地拿起漫画看了起来。一会儿，手机来了一条信息，我就打开手机屏幕，准备看信息，可正要看信息的时候，微信上又收到一条链接，点进去看了看，链接下面又有几个新的链接，又点进去……不知不觉8点半了，到吃早饭的时间了！

从六点到八点半，两个半小时就这样过去了，我一无所获。这是什么原因造成的呢？这是因为我没有管理好自己的思维精力，用一些琐事浪费了思维精力。还有我们学校统一下发的《经典小小说50课》，如果一天读两课，一个寒假的时间看完本应该是绰绰有余的，但是，结果是我一课也没看。同学们看，思维一旦被琐事分散了，正经事就干不了了。

第四，意志精力。

一位家长给我打电话说："卢校长，您帮忙说一说我家孩子吧！一放假，孩子就开始疯玩儿，要开学了，才想到写作业，昨天晚上写到凌晨两点半！我都睡了一觉了，半夜起来一瞧，还开着灯，孩子还在那儿做作业。我也心疼呀，我就说，不行抄答案吧。可他却说，不能抄答案，一定要独立完成作业。这孩子真是又顽皮，又缺心眼，您快帮我说说他吧！"

你们猜，我给家长说了什么？我说："首先恭喜你，你儿子有着强大的意志精力。如果以后有突发性事件落到你儿子身上，他肯定能镇定自若、处事有方。"接着我又说，"只可惜你儿子的时间分配不合理，如果在时间分配上再增强计划性，那就更完美了。"大家再想一下，我们国家那些优秀的人物，如百度、腾讯、阿里巴巴这些公司的创始人李彦宏、马化腾、马云，他们的个人意志就非常强大。强大的意志精力，会让我们在目标或者压力到来的时候迸发出强大的小宇宙，让我们的每个细胞都充满着活力与激情。

体能精力、情绪精力、思维精力和意志精力，这四方面的精力管理如若有所提高，那恭喜你，你已经由“学平生”飞跃到“学强生”了。

还有一级的跳跃，就是由“学强生”走向“学霸生”。这其中也需要提升一个方面的管理，我刚才说到了，是什么？（学生齐声答：记忆管理）对，记忆管理。提到记忆，大家都会以为就是背诵，对不对？（学生齐声答：对）但记忆就是指背诵吗？不，记忆不单单指的是背诵。

记忆当中的“记”是什么？是一个输入的过程。我们记住某个东西，这里的“记”就是向大脑输入的过程。

那“忆”是什么？“忆”是一个提取的过程。我们把记住的东西在我们大脑中提取出来的过程，这叫“忆”。

当然，“记”和“忆”之间还需要一个运行的过程。要输入到哪里？要从哪里提取？（学生争相回答：大脑）对，就是这儿。（手指大脑）那接下来我转变一下，说一点儿深奥的理论知识：大脑的记忆过程是一个记忆编码的过程，而编码，不仅仅是将所要记忆的那一点点东西编码储存，还是将所涉及的环境、气味、声音等都统一成一个编码，然后输入到大脑中去，提取的时候，只要是其中的任何一个方面出现，就会呈现记忆的内容。

所以，在提高记忆管理这一方面，我也给大家三个建议。

第一个建议是切换场景。

迄今为止，我不管是去听课，还是去课堂检查，只要有老师拿起黑板擦，不管是想擦黑板，还是想敲桌子，还是想敲黑板画重点，我都能想起“大江东去，浪淘尽，千古风流人物。故垒西边，人道是，三国周郎赤壁……”为什么呢？因为我上初中的时候，总是背不会这首词，我的老师就会拿黑板擦敲我的脑门。后来我就早晨读、晚上背，终于背会了这首词。所以，只要有老师拿起黑板擦，我就会想起被老师拿黑板擦敲脑门的那种痛，紧接着，我的大脑里就会出现“大江东去，浪淘尽，千古风流人物……”，这就是切换场景，也叫场景唤醒式记忆。

再给大家举个例子。今年春节，大家看电影了吗？（学生齐声答：看了）有一个特别火的电影——《疯狂的外星人》，里面黄渤饰演的是靠耍猴卖艺为生的艺人，我们就从他训练猴子这个切入点来分析一下。

他是一个耍猴的艺人，天天侍奉五畜奶奶，天天利用巴普洛夫的条件反射原理来训练猴子，这不仅仅利用的是巴普洛夫的条件反射原理，其实还涉及大脑的记忆原理。黄渤饰演的人物对猴子的记忆进行了编码，并将其输入到猴子的大脑中，形成了非常深刻、牢固的记忆。所以，只要他做什么样的动作，小猴子就跟着做什么样的动作。

那大家试想一下，当我们把这个例子转化到学习上来，是不是也会有同样的效果呢？

古人学习有“三上”读书法。什么是“三上”？就是枕上、厕上、马上。这就是说，古人在睡觉之前、如厕之时、赶路途中都要读书。这从一个方面来讲，是珍惜时间，从另一个方面来讲，就是切换学习场景。我们把外界的这些因素和我们所要获取的知识形成更多的编码，存入到我们的头脑当中，这样，我们在提取的时候就会非常快速，非常顺利。

第二个建议是交替训练。

交替训练是指将不同的学科、新旧知识搭配、混合起来。虽然这是脑科学研究的成果，但还是反映了孔子的教育思想——“因材施教”或“温故而知新”。我们得根据自己的情况来判断自己应该怎样去前后呼应地学习，小组之间也要相互照应。另外，温故而知新，就是温习旧知识的同时，也要学习新知识，新旧知识融会贯通之后，才能在我们大脑当中留下深刻的印象。

第三个建议是睡眠充足。

大家可能会说，校长怎么让我们睡觉呀？我天天睡觉，学习会好吗？当然，这里的“睡眠充足”指的是在睡眠的时间内，一定不要有大的情绪波动。

我刚才讲过，记忆是一个吸收—储存—提取的过程。我们大脑当中有内嗅皮层、海马体和新皮层，分别相当于信息的过滤器、分拣器和储存器。想象一下，白天，在你醒着的每一刻，我们的大脑都会接收潮水般的信息，如英语老师的穿着、今天的课表、餐厅的饭香、数学老师的提醒、做操时的音乐等。然后，再加上一些一心多用的场面：一面排队打饭，一面回想今天的新知识，还时不时与身边的同学小声交谈几句。

够多了吧！能同时处理这么多信息，远不是“复杂”一个词就能表述的。每到晚上睡眠的时候，大脑就会将白天清醒时所获取的信息进行分类、分解后储存到新皮层中。

所以，信息由内嗅皮层过滤之后，由海马体分解，再由新皮层的不同部位储存后，就形成了运动技能、知识技能、情感技能等。所以，没有睡眠，就没有大脑的分解；没有大脑的分解，就没有大脑的储存。如此，还谈什么记忆呢？这也是为什么偶尔熬夜没什么问题，但是天天熬夜的人，记忆力会衰退的原因所在了。

如果把这三项记忆管理做好了，那么恭喜你，你肯定也能够成为一位学霸了。

好了，我们总结一下今天与大家交流的内容：学霸并不是天生的，而是通过一定的技能训练而成的。我们可以通过精力管理来提升自己，通过记忆管理向高峰迈进。

最后用《知识就是力量》这个节目的一句口号来结束今天的谈话：“人生一切难题，知识给你答案！”

让我们一起向学霸进发，谢谢！

尊重

尊重——生命的可贵与平等

品悟·成长

向美而生
向阳成长

红伟

尊敬的老师们，亲爱的同学们：

大家好！

“转轴拨弦三两声，未成曲调先有情。”我走上台时，同学们给了我热烈的掌声，我站在台上后，先还给了大家一个90度的鞠躬礼，这就是同学们、老师们和我共同营造出来的场景。如果用一个词来描述这个场景，那就是——尊重！大家尊重我，我也尊重每一位老师、每一位同学。刚才，很多老师、同学都站到台上展示了他们的风采，他们都是被尊重了的人，因为台下的人都在认真地听。有老师在演讲时也提到，我们要相互尊重。因为被尊重是每一个人的根本需求，而想要被尊重，就要从自己的内心出发，先尊重他人。

其实，哪怕是一个很小的生命，都有着尊重和被尊重的需求。这里，我给大家讲一个故事：

海边的沙滩上，退潮之后，很多小鱼都没有被海水带回大海，面临着生命被终结的危险。很多人在退潮后的沙滩上游玩，其中有个人看着沙滩上垂死挣扎的小鱼想：“噢，这情景不就是庄子所说的‘泉涸，鱼相与处于陆，相呴以湿，相濡以沫，不如相忘于江湖’吗？”

正在他参悟人生之时，跑来了一个小孩儿，捡起面前的一条小鱼，“唰”地一下扔进了海里，又捡起了一条小鱼，“唰”地一下扔进了海里……

这个人走到小孩儿面前问：“你在干什么呀？”

“我在帮助小鱼延续它的生命呀！”

“没用的，谁在乎这个呀？况且沙滩上这么多鱼，你捡得过来吗？”

小孩儿二话没说，走到旁边又捡起了一条扔进海里，说：“这条小鱼在乎。”又捡起一条扔进海里，说，“这条小鱼也在乎。”

“啊，原来我真的没有参透什么叫作‘尊重生命’啊！”他再次叫住小孩儿，深深地给小孩儿鞠了一个躬。

什么是尊重？尊重就要从尊重生命开始。故事中的小孩儿尊重了一条条小鱼的生命，也赢得了他人的尊重。

我这里还有一个小例子，我觉得大家应该比较熟悉。今年，中央电视台的《经典咏流传》节目推出的一首小诗火了，诗人的名字是袁枚，我们以前学过他的诗——《所见》：

牧童骑黄牛，歌声振林樾。

意欲捕鸣蝉，忽然闭口立。

可是这次火起来的小诗不是这首，而是袁枚的另一首诗——《苔》。什么是苔呀？就是那种在潮湿、阴暗的屋檐下，或者人迹罕至的地方才会长出来的绿色植物。这首诗是这样写的：

白日不到处，青春恰自来。

苔花如米小，也学牡丹开。

这首诗反映了两方面的尊重态度：一方面是诗人袁枚对世间生物的尊重。正是因为尊重，这首诗火爆了春节期间的朋友圈。另一方面是苔这种渺小的植物对自己生命的尊重。为什么这么说呢？大家想一下，在人迹罕至的地方，所有人都不怎么注意的地方，而且是阳光经常照不到的地方，它却在拼命地生长。它的花有多大呢？如小米粒般大小，但它们“也学牡丹开”，怒放着自己的生命。

细想起来，每一位同学也是“苔”，因为大家还没有像牡丹一样绽放。大家喜欢生物，但是你有没有成为张弥曼呢？没有吧？张弥曼是谁？张弥曼是一位古脊椎动物学家，在2018年获得了世界杰出女科学家奖。我们喜欢昆虫，但是你已经成为像法布尔那样的昆虫学家了吗？当然没有，因为大家还在“白日不到处”，大家还在努力地生长，还在努力地盛开。虽然我们不是张弥曼，但是挡不住我们对生物的热爱；虽然我们不是法布尔，但是挡不住我们对昆虫的热爱；虽然我们不是袁枚，但是挡不住我们对古诗词的热爱。

我们一定要像苔一样尊重自己的生命，让自己的生命如牡丹一样怒放；我们也要尊重他人的生命，让他人的生命更精彩。尊重生命是所有尊重的开始。

说到这儿，大家应该都知道了，我们在“尊重周”里，最根本的是要尊重自己的生命。好好学习，努力成长就是对自己生命的尊重；快乐地面对生活和学习当中的一切，就是对自己的尊重。从尊重自己出发，我们才能学会尊重他人。

比如，入室即静，不仅仅是对自己的尊重，也是对同学的尊重；认真听课，听讲零低头、作业零抬头、声响零回头，是对自己的尊重，也是对老师的尊重；走在校园里，轻声慢步、小声细语是对自己的尊重，也是对“自我管理校园红”志愿者的尊重；在餐厅里，不喧哗、不剩饭剩菜是对食堂职工的尊重，也是对农民的尊重；在校园里，不乱扔垃圾是对值日生的尊重，也是对我们生活环境的尊重。

同学们，做好自己、规范自己，是对自己、对他人最大的尊重。只

有尊重，才能让自己恪守校训“星月相辉，和谐共存，成人达己，成己为人”；只有尊重，才能让自己像花一样绽放。

最后，我想用自己写的一首小诗作为今天演讲的结尾。这首小诗是我在放假时闲步田野，偶然看到一朵不知名的小花，有感而发，挥笔写就的，抒发的是我对自然的尊重和对自己的尊重。

二月踏歌寻芳华，
未见草芽先见花。
直会袁枚《苔》所意，
只需怒放不需夸。

励志

励志——努力到极限，拼搏到感动

向美而生
向阳成长

红伟

尊敬的老师们，亲爱的同学们：

大家下午好！

今天我们全体师生齐聚一堂，拉开了我们“励志周”教育工作的序幕。何谓“励志”？励志就是让我们每个人都激发自己的生命能量，激活自己的创造思维，激起自己的成功欲望。《庄子》中有“夫哀莫大于心死，而人死亦次之”这样的记载，在庄子看来，一个人最愁苦的事情就是没有生机，没有活力，天天行尸走肉般过日子。苏轼也曾说过：“古之成大事者，不惟有超世之才，亦必有坚忍不拔之志。”

的确，我们翻开中国历史的画卷，就会发现每个成功者都无一例外地拥有一颗强大的内心。我们可以从中摘取几个例子来。

战国时期，楚国有位诗人、政治家，名叫屈原。屈原小时候非常喜欢读《诗经》，但是家长不让他读，他就躲进山洞里读，不管刮风还是下雨，不管严寒还是酷暑，他用自己的热爱与坚持苦读了三年，熟读甚至背诵了《诗经》中的305篇诗词，从中汲取了成长的正能量，并最终成了一位伟大的爱国诗人。我们每年都过的端午节就是用来纪念这位伟大的诗人的。

秦朝的时候，有一个人叫陈胜，他是一个佣耕者。大家知道什么是佣耕者吗？就是别人有地，他没地，他就给别人耕作，他是被雇佣后来劳动的，所以叫佣耕者。他不满足于自己永远做一个佣耕者，就对跟他一起在田间劳作的人说："总有一天我会改变命运，成为拥有自己土地的人。"别人取笑他说："算了吧，别在这儿痴人说梦了，我们生来就是卖苦力的命。"然而，陈胜却脚踏黄土地，抬头望蓝天，说了一句惊天动地的话："燕雀安知鸿鹄之志哉！"他是这样说的，也是这样做的。他慕鸿鹄之高翔，弃燕雀之小志，最终成了中国历史上农民起义的第一人。

汉代的司马迁，他遭受了酷刑，在监狱里度过的那段极端困苦、耻辱的生活，使他差点崩溃。然而，靠着信念，他最终写下了中国第一部自传体通史——《史记》。

我们非常熟悉的三国时期的刘备，开始时，他以编草鞋为生，但他一直以皇叔自居，把兴复汉室作为自己的人生使命。他24岁时参军，47岁时三顾茅庐遇到了诸葛亮，经历了大半生颠沛流离的生活，最终在诸葛亮的帮助下成就了一番帝业。

近代数学家陈景润，他为了解决哥德巴赫猜想的证明这个难题，用掉了好几大麻袋的演算纸，并成功发表了《表达偶数为一个素数及一个不超过两个素数的乘积之和》的研究成果，这一项研究成果后来成为哥德巴赫猜想研究上的里程碑。这让欧洲人颇为叹服，因为当时欧洲人用计算机都没能解决的难题，陈景润仅用一支笔就解决了。人们说诺贝尔没有设数学奖，如果诺贝尔设数学奖的话，陈景润将会是当之无愧的诺贝尔数学奖获得者。

还有我国现在的中国科学院院士、"杂交水稻之父"袁隆平，也是几十年如一日地投入到了杂交水稻的研究之中。他在2017年9月28日，向世界宣布了自己在杂交水稻的科研上取得的两项重大成果。第一项成果是在杂交水稻的亲本去镉技术上取得了重大突破。什么叫去镉技术？镉是什么？镉是对人体非常有害的一种物质，像化工废品、废旧电池等物品中就含有镉这种重金属有毒物质，它们被扔到土壤里，土很快就被污染了，而水稻就会把土壤中的镉吸收，这样长出来的水稻，我们吃了，就会摄入镉。镉不容易被排出体外，就会在人体内积淀，时间一长，就会给我们带来很多致命的疾病。第二项成果是他在盐碱地里种出了水稻，并表示，将在3～5年内选育出在盐分浓度3‰～8‰的海水灌溉种植条件下，产量达300公斤/亩以上的耐盐碱水稻新品种。

你们看，这一个个做出丰功伟绩的人，都有一颗坚强的、认定目标坚持不懈、不达目的誓不罢休的心。

这周是“励志周”，在“励志周”中，为了帮助同学们训练出强大的内心，学校有很多活动要开展。比如，我们的秋季素质运动会、十大学星评选、学生自主管理委员会7个部门112个岗位的竞选，还有我们即将到来的期中考试。这么多事情堆在我们的面前，我们就要用处乱不惊的强大内心来从容应对。

那么，在“励志周”短短的16天里，我们应该怎样度过呢？在这里，我要送给大家三句话：

第一句话是要立长志，不要常立志。

什么叫常立志？就是你经常立志。听到宋祖英唱歌很好，你就立志当一个歌唱家；看到姚明打篮球打得好，你就立志当一个篮球运动员；刚刚听到袁隆平了，你就立志做一个农业科学家……这叫常立志，常立志的最终结果就是你每次都激动一段时间，但是行动上等于零。所以，最后我们的人生答卷还是一个零。

立长志是什么呢？就是立了一个志向之后，认准这个目标不断地去学习，不断地去努力。比如，我想以后做一个科学家，那我就得想，既然我要做科学家，我到底是要做农业方面的科学家？还是要做工业方面的科学家？我是要做力学方面的科学家？还是要做光学方面、量子学方面的科学家？于是，我就要研究科学有多少个领域，去了解自己最擅长、最感兴趣的那个科学领域里有什么，需要准备什么，需要怎么做，等等，然后认准这个方向去努力，这也是职业生涯规划的一种体现。

再如，我立志要做一个医生，那我就得想，我将来是要做一个中医？还是要做一个西医？我研究的方向到底是脑神经、心血管方向？还是肌肉、骨骼方向？也就是确定一个目标后，就要从现在开始为这个目标做积极的准备。

第二句话是管好自己，忙而不乱，日事日毕，日清日高。

我们大家每天都很忙，屈指算来，每天上十二节课，还要去三次餐厅，回两次宿舍。这么紧张的节奏，我们怎样才能拉长时间，提高效率呢？刚刚文龙老师讲了一个他们班的同学很会利用时间的案例，真的很值得同学们学习。

我们要做一个管理自己的小能手。这次我们“海读博览大漂流”活动中就有一套书是自我管理系列的，其中提到了管理自己的心情，管理自己的安全，管理自己的欲望，管理自己的情绪，管理自己的语言，管理自己的行为，管理自己的人际关系，这七大方面的自我管理在书中都有详细的介绍，大家要学以致用。

我们要做好自己的规划，日事日毕，日清日高。每天都要想一想：我今天做的事情做完了没有？做完了，你仍然要想一想：我做好了没有？你如果觉得自己做好了，你再进一步想一想：我还能再做哪些方面的提升？

每天迎着灯光回宿舍的途中，我们应该扪心自问：今天我收获了什么？今天我有哪些成长？每天早晨睁开眼的时候，我们也该对着喷薄而出的朝阳想一想：我今天要做什么？我今天要表现出哪方面的自信？我今天要获得怎样的长足进步？同学们每天都要把自己做的事情处理得干干净净，就像老师们的高效课堂一样，每节课后面都有小测试——堂堂清，日日清。

第三句话是不为失败找借口，只为成功找方法。

我曾经教过一位叫夏冰的学生，发生在她身上的一件事给我留下了深刻的印象。那一年，在春节放假前，临近期末考试的前几天，她病倒了，不得已请了假回家输液。五天后她回到了学校，紧接着第二天就是期末考试。在期末考试前紧张的大复习阶段，她五天没有上课，知识肯定会有所遗漏，考试成绩也会受到影响。

成绩出来之后，用她的话说是考砸了，我一看与她平时的成绩相比，还真的是“考砸了”，因为她每次都考第一名，这次她考了第二名。

到了放寒假的时候，夏冰找到我，说出的话令我大吃一惊：“卢老师，我先不回家了，我还想在学校待上三天。”

我很纳闷：“这都回家过年了，你为什么不回家呢？”

她失落地告诉我：“老师，我这次考得这么差，我现在内心都无法原谅我自己。”

我就劝解她：“夏冰，你看，考第二名已经很好了。全班60多个人，你考第二还不行吗？考分较少的原因也并不是你没有好好学习，而是因为你病倒了。下学期你认真学习，一定还是最棒的！”

没想到，夏冰语气坚定地告诉我：“老师，您不是经常教导我们，不为失败找借口，只为成功找方法嘛！我这次真的失败了，追根溯源是因为我病了。我为什么病了？可能是因为那几天我没有好好喝水，没有积极地参加锻炼，但归根结底还是我个人的原因。所以，我就要对自己进行‘惩罚’——先不回家，在学校学习三天。三天之后，我请求您，还有数学、英语、政史的各位老师们，再给我出一张试卷，我一定要拿满分！”

夏冰同学的这些话，说得斩钉截铁、铿锵有力，让我热血沸腾。经过申请，学校也感动于她的态度，破例让她在学校待了三天。三天之后，我们几位老师也都凑在一起，每人出了一张试卷，考试结果是夏冰同学科科满分！现在，夏冰已是一名北京大学光华管理学院的学生了。

优秀的人为什么能够成功？就是因为她在任何情况下都不给自己的失

败找理由，只为自己的成功找方法。

同学们，在“励志周”中，我真心希望我们每个人都能立长志，管好自己，做到日事日毕，日清日高，并善于为自己的成功找到好的方法。

最后送给大家一句话：努力到极限，拼搏到感动。

谢谢！

共进

共进——人人做伯乐，个个千里马

向阳成长
向美而生

红伟

尊敬的老师们，亲爱的同学们：

大家上午好！

本周，我们要迎来一项非常重要的考试——期中考试。每个人的人生中，都会遇到很多大大小小的考试，这次只是一次阶段性的知识测试，也就是把我们前段时间所学到的文化科学知识做一下总结和回顾，这是知识之考。再向未来看，我们将要面对中考、高考，这是学业之考，因为在中考、高考的时候，不仅要考科学文化知识，还要考核我们的体能，考核我们的计算机、物理实验、化学实验、生物实验的动手操作能力，等等。再往人生的远处看，我们大学毕业了，要择业，在工作中也会面临很多考验和机遇，这是人生之考。

每个人在成长的过程中，都不可避免地要面对知识之考、学业之考和人生之考，不仅是个人，我们的团队、我们的国家、我们的民族也在经受着各种各样的考试与考验。所以，从这个意义上来说，我们无时无刻不在赶考的路上。

随着期中考试的临近，在“赶考”的过程中，大家还是很紧张的。刚才很多同学在台上演讲时分享了备考方法，老师们也传经送宝，讲了应考心理的调整策略，给大家的内心注入了勇气和信心。

此刻，我想到了一篇文章——《马说》。《马说》是被称为唐宋八大家之首的韩愈所写的一篇文章。这篇文章虽然篇幅很短，但是影响深远，对此文的评价，最多的是对庸师的批判。

文章开篇是这样写的："世有伯乐，然后有千里马。千里马常有，而伯乐不常有。"直接就道明了：这个世间千里马太多了，但是缺乏识别千里马和培养千里马的伯乐。

"故虽有名马，祇辱于奴隶人之手，骈死于槽枥之间，不以千里称也。"如果我们都是名马，都有千里马的能力，但没有遇到伯乐，那肯定是"不以千里称也"的。就像方仲永一样，五岁能作诗，在乡邻之间名声大噪，但是没有教师的教导和培养，最后只能"泯然众人矣"。

接着，"马之千里者，一食或尽粟一石。食马者不知其能千里而食也。是马也，虽有千里之能，食不饱，力不足，才美不外见，且欲与常马等不可得，安求其能千里也？"马虽然是一匹千里马，但如果被平常人饲养，它吃不饱，力不足，最终导致"才美不外见"，从外表上看起来，甚至还不如平常的马，那么，我们怎么能要求它一骑绝尘、瞬息千里呢？

文章最后，韩愈发出了感叹："策之不以其道，食之不能尽其材，鸣之而不能通其意，执策而临之，曰：'天下无马！'"那么是真的没有千里马，还是没有能识别出千里马的伯乐呢？最后韩愈大声疾呼："呜呼！其真无马邪？其真不知马也！"

通过这篇文章，我们获悉了两个重要角色：一个是伯乐，一个是千里马，这两个角色能引发我们的思考。

"世有伯乐，然后有千里马"，伯乐是谁？我们都知道孙悟空曾在天上管马，这个马官叫什么？（同学答：弼马温）其实，在天上管马的还有一个名叫伯乐的神仙。孙悟空这个弼马温不是专业的养马者，伯乐才是专业的懂马、识马、养马、驯马的神仙，对马特别精通。

第一个被称作伯乐的人，本名孙阳，后来孙阳这个名字被人忘记了，伯乐这个名字却流传至今。在师生关系中，谁是伯乐？老师是伯乐。谁是千里马？我们每位同学都是千里马。

“千里马”这个词是如何来的？“千里马”最早见于《楚辞》——“宁昂昂若千里之驹乎”。我听大家读的《木兰诗》里面也有“愿驰千里足，送儿还故乡”的句子。“千里马”是一个概称，说的是这匹马有非常之能，这种名马层出不穷，在我们的小说当中、我们的日常生活当中，就有很多千里马。

比如，赤兔马，有人云“人中有吕布，马中有赤兔”；卢马，有诗云“马作的卢飞快，弓如霹雳弦惊”；绝影马，有诗云“山回路转不见君，雪上空留马行处”。这些马的名字，都代表着不同的马有着不同的非凡能力。

既然知道了伯乐，知道了千里马，那么，我们的老师就要好好思考了——我们作为一位老师，从伯乐身上能学到什么呢？我想，我们老师要学到的，应该就是伯乐的能力、伯乐的眼光和伯乐的方法。

首先是要具备伯乐的能力。比如，刚刚走上台来接受表彰的这些老师，他们就是我们教师群体中的伯乐。伯乐，就要能识马、养马、驯马，让普通马成为千里马。知识是学出来的，能力是练出来的。要想成为伯乐式的教师，就需要我们爱国守法、爱岗敬业、关爱学生、教书育人、为人师表、终身学习；需要我们把课堂打造得高效而快乐；需要我们在课下与学生成为亦师亦友的关系；需要我们针对每位学生的情况因材施教，成就每位学生，让人人成才。

有伯乐的眼光，就是要求我们不能以统一的标准衡量与看待每一位学生，因为每位学生都是有个性的生命个体。学生自主管理委员会的一个提议非常好，说要在期中考试之后开展“校园吉尼斯”活动，让每位学生都能展示自己的过人之处。比如，我们上一次做团队训练时，刘晓城同学做俯卧撑，一口气做了200多个，我觉得他有可能就是“校园吉尼斯”——俯卧撑之最。如果你书法特别好，颜、柳、欧、赵四体的楷书都能写，那你就可以争夺“校园吉尼斯”——书法之最。老师要从不同的方面来观察学生，用欣赏的眼光去发现学生身上的闪光点和特长。

那么，老师只是发现了学生的才能，就可以了吗？当然不是，老师还要有伯乐的方法，也就是给学生配以个性化的引导方法，才能让金子闪光，让马致千里。团队训练的时候，攀岩最好的李光开同学得到了所有人的喝彩。但从专业的角度来看，他还有很多动作做得不规范，如果用科学的方法对李光开同学进行训练的话，假以时日，他必将征服珠穆朗玛峰。“我劝天公重抖擞，不拘一格降人才”，社会对于人才的需求已经越来越多样化了。当然，文化知识是必需的基础，没有知识，其他能力先免谈。在知识之考之后，老师们会用很多方法，帮助同学们提升自己的能力，让自己的特点成为特长，让特长成为优势，让优势成为过人之处，就像绝影马一样，将跑得快的优点发挥到极致。所以，我们的老师也要改变观念，丰富方法，做到师生共进、师生共生、教学相长、教学共融。

下面我们来看第二个角色——千里马。我们从千里马的角度去分析，“虽有名马，祗辱于奴隶人之手，骈死于槽枥之间，不以千里称也”是一种悲哀的现状，很多人都在为千里马的悲惨遭遇感到可惜。静心来思，如果我们把每位同学都比作千里马的话，同学们应该怎么去做呢？

第一，我们要主动求知。

千里马“一食或尽粟一石”，饭量很大，但是“食马者不知其能千里而食之”，养马者不让马吃饱。韩愈笔下的马面对这样的情况，做何反应呢？它是逆来顺受饿着自己！

新时代的学生，应是有自我意识的千里马。如果我们是千里马，遭到了这样的待遇，完全可以用头拱食马者，不断用嘶鸣声、蹄踏声发出需求，引起注意，以争取更多的草料来让自己快速成长。迁移到学习上来，就是主动求知。上课的时候，如果仅仅将老师留的作业完成之后，就开始发呆，那等于自取灭亡，等于自己把自己的才能埋没了，那就真的成为韩愈文中可悲的千里马了。主动求知是什么？就是完成了我们应当完成的任务之后，再给自己设定新的任务。河北省教育厅和河北电视台联合打造了少年国学益智类栏目——《开考啦国学》，被选中参加决赛的绝大部分为八年级、九年级的学生，只有少数是七年级的学生，其中就有从我校脱颖而出的两位七年级学生。为什么他们能被选上呢？就是因为他们一直在主动求知，这两位同学在课间的时候，都会拿一本《唐诗三百首》背诵，不仅背诗，还会了解诗人的创作情景和当时的政治、经济状况，用他们自己的话来说，这是一件令人非常惬意、高兴、忘乎所以的事情，这就是主动求知。

这两位七年级的同学是我们信都学校的骄傲，他们必将会被写入我们信都学校的历史。其他方面同理，比如，你有体育特长，那么在跑操之后，同学们都回教室的时候，你是不是可以自己主动多跑两圈？再如，你对数学特别感兴趣，你是不是可以提前自学一点儿高中的数学内容？这并不是不可以做到的，关键看你有没有主动的意识！我们不能像文中的千里马那样，草料给多少就吃多少，不主动去争食，这样怎么能以“千里称也”，怎么能从众多的马中脱颖而出呢？

第二，要认识自己。

在主动求知的过程中，我们要不断地通过自我反省、自我感悟，以及他人的评价，来加深对自己的认识。苏格拉底经常用“认识你自己”来教导他的学生，这是一句非常有哲理的话。只有认识了自己，才能扬长补短，健康成长。

第三，要善于沟通。

千里马“祗辱于奴隶人之手”的时候，虽然它也鸣叫，但是无法与养马人做很好的沟通。同学们不一样，我们有自己的语言，比如，我们可以向老师申请：“老师，我对物理特别感兴趣，能不能帮我借两本高中年级的物理书？能不能把物理中考试卷、高考试卷让我做一下？”这就是主动沟通。

我们千万不能像文中的千里马一样，“策之不以其道”时，不沟通；“食之不尽其材”时，不沟通；“鸣之而不能通其意”时，不沟通。这样，千里马就不能“以千里称也”，空有千里之能，最终导致“才美不外见”。

我希望每位同学都能从韩愈的《马说》中悟出自己的人生之路。我们一定要有主见，明确自己的人生定位，要善于和老师、同学沟通，以为自己争取更大的展示舞台和更大的发展空间。我们是真正的千里马，和被奴役于奴隶之手的千里马的区别就在于我们摒弃了奴性，有着毛遂自荐的自我表现意识。

老师们、同学们，在期中考试来临之前，我通过《马说》来启发大家思考，以期大家能够真正披荆棘而前行，积跬步于千里，尝千辛而微笑，历万难以玉汝，让我们人人做伯乐，个个成千里马！

谢谢！

前进

前进——向榜样看齐，塑强大自我

品悟·成长

向美而生
向阳成长

红伟

尊敬的各位家长、各位老师，亲爱的同学们：

大家下午好！

刚才的颁奖过程中，我不仅看到了台上受表彰的同学们脸上洋溢着的自信笑容，感受到了家长们浑身散发出来的幸福气息，还注意到了台下同学们眼睛里流露出来的艳羡目光。当然，在这艳羡的目光里，还有一种拼搏向上的力量，对此，我满怀欣慰。

今天这个盛会，是对我们第二学期前半段学业成绩的一次总结和表彰。在总结表彰之余，我们还要进行理性的反思。为什么要谈理性和反思？在2016年9月13日教育部公布的《中国学生发展核心素养》中，就明确提出要将培养所有学生成为“全面发展的人”作为核心，还有三个方面、六大素养、十八个基本要点。而这十八个基本要点当中，就有“理性思维”和“勤于反思”。所以，在这欢乐的时刻，我们更要进行理性的反思。

那么，我们反思什么呢？又要怎样进行理性的反思呢？

我们要从古人那里汲取生活的智慧。大家每天都在读《论语》，《论语·学而》中就有这样的话：“吾日三省吾身：为人谋而不忠乎？与朋友交而不信乎？传不习乎？”其中“三省吾身”是多次反省的意思。说这句话的并不是孔子，大家知道是谁吗？他是孔子的弟子之一，比孔子小46岁，代表作《大学》被列为中华经典“四书五经”之一，他就是“宗圣”曾子。如果单从这句话讲，曾子是在告诉我们，每天都要理性地进行三方面的反思——“为人谋而不忠乎”，你“忠”了没有？“与朋友交而不信乎”，你“信”了没有？“传不习乎”，你“习”了没有？

吾日三省吾身：
為人謀而不忠乎？
與朋友交而不信乎？
傳不習乎？

第一个反思——“忠”。

大家想一想“忠”字是怎么写的？是不是上面有一个“中”字，这个字，要想写好，最后的一竖至关重要，必须写得顶天立地、不歪不斜；下面是一个“心”字，这个字告诫我们对待任何事情都要不偏不倚、全心投入，此谓之“忠”。

我们要反思：在日常的学习中，我有没有全心投入？我的人生定位是否中正？对于生活和成长，我有没有明确的目标与方向？现在，我成绩好，接受表彰了，是因为我真的忠于学习这件事了，却也是“小荷才露尖尖角”，在全心投入的基础上，我要想“山登绝顶我为峰”，有没有更好的方法呢？如果这次我没能站到学校的领奖台上，也没能站到班级的领奖台上，就要反思，我也是各门功课都学习，百花已采，为什么没酿成蜜呢？我要告别知识体系“剪不断，理还乱”的过去，立下“男儿何不带吴钩，收取关山五十州”的志向，全心投入，全情投入，理性思维，争得自己的“金榜题名时”。

第二个反思——“信”。

“人”旁边一个“言”，谓之“信”，这是指我们说的话一定要兑现。我在各个班级里看到了同学们之前写的班级日记和自我管理日记，好多同学都这样写：本次期中考试，我语文要考多少分，数

学要考多少分，英语要考多少分；本次期中考试，我一定要超过我最大的竞争对手某某某同学；我们小组整体平均分要达到什么水平；等等。言为心声，这是你的心里话。

现在，你实际的成绩和当初的目标有没有差距呢？自己的话兑现了吗？也就是说，你“信”了没有？我们的校训是“诚信、互爱、求真、勤勉”，第一个就是“诚信”。社会主义核心价值观中也有“诚信”。这两个“信”，就是我前面说的，我做到了没有？我的目标立下了，我有没有围绕我的目标，付出与目标相匹配的行动，进而实现目标呢？

第三个反思——“习”。

“传不习乎”中的这个“习”，我的理解是学习、复习、预习、练习，也就是我们追求的高效学习。“导学展论讲测辅”，在课堂的这些环节中，上课时我们有没有认真地学习，自习课上我们有没有及时复习，上课前我们有没有对新知识主动预习，课外时间我们有没有主动练习。如果没有，等待我们的就只有四个字——继续努力。另外，心学大师王阳明的传世经典哲学著作《传习录》记载了他的语录和论学书信，也集中体现了“传不习乎”的重要作用。

三个反思之后，我们还要有一个追问：我这样“忠”，我这样“信”，我这样“习”，到底是为了什么？即我在为谁读书。有研究员把人分为了四类。

第一类人是卓越的人。这类人本身就是一台“发动机”，“不用扬鞭自奋蹄”，不用别人催促，他也能做好。这类人会自己给自己定任务、定目标，付出努力，激发潜能，超越自己，最后，这类人会成为领导者。如果我们问他们在为谁读书，他们肯定会这样回答：“为中华之崛起而读书，就像当年的周恩来总理一样。”

第二类人是优秀的人。这类人接到任务之后，不用别人提醒，也不用他人督促，自己就能做到尽善尽美，是非常优秀的执行者。如果问他们在为谁读书，他们会回答："书中自有颜如玉，书中自有黄金屋，书中自有千钟粟，书中车马多如簇。为回报父母、回报师长、回报社会，为实现自己的人生价值，为改变自己的生命状态而读书。"

第三类人是普通的人，这类人接到任务之后，只有在别人的督促下，才能做好，学习缺乏主动性。如果你问他们在为谁读书，他们可能会说："老师让我读书，家长让我读书，我只好读书。"所以这类人是没有发展潜力的人，是普通的人。

第四类人是永远的贫穷者。这类人有一种思维占据了心灵的全部，这种思维叫作"惰性思维"。他们不会给自己定目标、定任务，即便给了他们明确的任务，即便拿一根皮鞭督促，强制他们去做，他们也只会敷衍应付。惰性思维造成了他们一生精神和物质上的贫乏。所以，如果问他们在为谁读书，他们会睁着迷茫的眼睛，面无表情地看着你说："读书？我根本就不想读书！"

这四类人中，同学们应该想一想：我到底属于哪一类？面对这次期中考试取得的成绩，我们应该去思考：到底我们在为谁读书？我们要成为什么样的人？

这个问题是具有发展性的，是可以随着我们对知识的态度、视野的宽度而发生变化的。比如，伟大的领袖毛泽东，他在小时候离开家乡外出求学时，写了这样一首诗，大家评判一下，他写这首诗的时候，属于这四类人当中的哪一类？

孩儿立志出乡关，
学不成名誓不还。
埋骨何须桑梓地，
人生无处不青山。

可以说那时候，他是一个优秀的人，他想改变自己，他想学成归来后回报自己的父母和家乡。

当他在湖南长沙就读省立第一师范学校的时候，他的心境变了，眼界宽了，尤其是之后他又投身于革命运动的洪流中，进一步提升了自己。于是，在1925年他离开长沙去往广州的途中，写出了《沁园春·长沙》：

看万山红遍，层林尽染；
漫江碧透，百舸争流。
鹰击长空，
鱼翔浅底，
万类霜天竞自由。
怅寥廓，
问苍茫大地，
谁主沉浮？

这苍茫大地的盛衰兴废，由谁来主宰呢？应由风华正茂、踌躇满志、意气风发的毛泽东和他的那些追求进步的同学们来主宰。由此我们可以看到，毛泽东追求的目标发生了变化，变得越来越高远。毛泽东有了高远的目标，也为此付出了毕生的精力，所以他成了世界上为数不多的受世人敬仰的伟人之一！

而我们呢，也应该通过这次期中考试重新确定自己的目标，重新梳理自己的人生规划，树立远大的理想。同学们，当理想的种子在你的心中生根，当理想的火焰在你的胸中燃烧，当高效学习成为我们的生存常态，当诗意生活成为我们的精神家园，当合作成长成为我们的生命必需的时候，还有什么能够阻挡住我们通往成功的脚步呢？

老师们，同学们，在这美好的春季里，在这人生的春天里，让我们扬起理想的风帆，划动勤奋与拼搏的双桨，砥砺前行。“自信人生二百年，会当水击三千里”，越努力，越美好，越前行，越幸福！

谢谢！

安康

安康——通达内心，强壮身体

品悟·成长

向美而生
向阳成长
红伟

尊敬的老师们，亲爱的同学们：

大家下午好！

非常高兴能够在新的一周开启的时候和大家进行交流，这一周我们又要围绕着新的主题开启新的生活，我们的主题是“安康”——平安康健，安全常伴。

“安”字上面是一个“宀”，代表房屋，下面是一个“女”字，即女子，也就是说，一个女子在自己的家里等候着家人的回来，这是一个温馨、平安、祥和的画面。有一句广告语写得非常好——“有家、有爱、有欧派”，这就是对家的一种诠释，对“安”的一种诠释。我们置身于平安祥和的环境中，就如同在家里一样。

什么是“康”呢？古字体里没有简体的“康”这个字，而是“穅”字，就是左边一个“米”字旁，右边一个健康的“康”，指的是谷物的外皮。大家想一想，在物资极其匮乏的年代，谁家要有谷子的外皮，就代表有谷物，那么这一家人就能够吃饱饭，生活比较安乐、安宁。“穅”后来就演变为表示安乐的“康”，再由安乐延伸出富足之意。“康”还有通达之意，四通八达的社会主义康庄大道，五达为康，六达为庄，所以“康庄”是通达的意思。那么这个“康”字告诉我们什么了呢？告诉我们要有强健的身体，要吃得饱、长得壮；告诉我们内心要通达，保持宁静、安静。所以，在“安康周”，我们要围绕着“安康”完成三方面的成长。

安康

第一，要有健康、强壮的身体。

在“同读一本书，共筑中国梦”的活动中，大家的共读书目、中国四大古典名著之一的《西游记》里，唐玄奘是西天取经的师徒四人的精神领袖。文学是源于生活而高于生活的，唐玄奘在历史上确有其人，吴承恩只不过对他的事迹进行了一些艺术性的加工和大胆的想象而已。

当时处于隋唐交替的年代，玄奘励志求佛，到各地传道弘法，跟高僧进行佛法辩论，足迹遍布中原。对于佛法求真，他一直以来都非常努力。但在当时，佛教界对同一经典的诠释存在着巨大差异，且不能相互统一、协调，再加上在他之前就有很多人西行取经的记载，他心生向往，也想对佛教的发展做出贡献。后来，他在长安遇到了一位来自印度的高僧，与这位高僧交流后，他坚定了西行求法的决心。于是他几次向唐王朝请求去印度求取真经，当时，因为唐朝国情，这个请求没有得到批准。那么玄奘后来是怎么出去的呢？是偷渡出去的。

他知道没有国家的资助和保护，孤身一人走过茫茫沙漠，翻过高山峻岭是非常困难的。所以，他开始了高强度的锻炼，骑马、射箭、登山、跑步等，而且每天很少喝水，甚至一天不喝水，以此来为适应干旱缺水的生活做充足的准备。后来，他练就了强壮的身体，并凭借着这强壮的身体和比铁还硬、比钢还强的意志，行万里之途取回了真经，在中国佛学历史上留下了灿烂的一笔。

如果玄奘没有健康的身体，漫漫长途中，他会很容易因体力不支而倒下，他也就取不到真经，中国的佛法也不会如此灿烂了。佛学起源于印度而再度昌盛于中华，昌盛于中华的部分功劳就应该归于身康体健、意志坚定的唐玄奘。

企业家王健林在接受媒体采访的时候，告诫我们青年人要有点儿小梦想，要有个小目标，“比方说我先挣它一个亿”。这让所有的青年人都汗颜啊，一个亿，他竟然说是小目标。可是，他的几千亿是怎么挣来的呢？我看到过王健林的两张出行表，一张是六点半出发，他五点钟起床，之后进行一小时的锻炼，再吃一顿简单的早餐。还有一张是五点半出发，他四点钟起床，四点二十到五点十分进行锻炼，五点十分到五点半之间吃一顿简单的早餐，同时还要翻阅报纸，查看信息，五点半坐车出发。无论工作多么繁忙，已经六十多岁的他每天都在坚持锻炼，我们都自叹不如。

如果没有健康的身体做保障，任何目标都不会实现。想当学霸，但是感冒了，不得不在家里输液三天，返校回来，知识的进度就跟不上了；想登台领奖，展示自己的风采，但是没注意安全，下楼梯的时候，摔了个满脸花，不得不在家里休养一个月再回来，那就只能看着别人进步了。所以，健康的身体是我们成功追梦的基本保证。

第二，要有宁静的内心。

著名的教育改革家魏书生说：“处天外遥望，地球很小；居体内细察，心域极宽。”我们的心是非常大的，我们每天都要向内看自己，反思自己定的目标还在不在？追梦的脚步坚定不坚定？每天都要从容地去面对所遇到的学习任务、生活挑战，做到：“吾日三省吾身：为人谋而不忠乎？与朋友交而不信乎？传不习乎？”

上一周是“知行周”，首次提出“知行合一”说的是王阳明，而记录他言行的书是《传习录》。《传习录》中的“传习”就来自“传不习乎”这句话。王阳明就是每天向内关照自己，守住内心的宁静，才写出了这本《传习录》，成为儒家心学的集大成者的。

同样，同学们也要在学习、生活中，守住自己内心的宁静。下课了，你是急急忙忙、浮浮躁躁地往餐厅跑？还是一边想着今天的作业做得怎么样了，一边不慌不忙地到餐厅里去呢？到了餐厅之后，大家都在排队，你排在后面是紧张地张望？还是在那儿向内关照自己，想一想我的梦想是什么，我的路在哪儿，我今天收获了什么，还有哪些需要补习的地方呢？我相信大家从此以后，肯定都会选择后者。

第三，要有安全的环境。

安全的环境包括两个方面：第一个方面是我们所创造出来的学校的安全秩序，第二个方面是学校各项设施的安全。

在“安康周”里，所有同学都要遵规守纪，做最好的自己。保护好自己的安全，就是不给其他人找麻烦。如果我们不注意自己的言行举止，在校园里乱跑乱跳，就有可能把他人撞倒；在餐厅里，端热汤的时候就有可能把汤洒到他人身上，把人烫伤。

学校设施也要靠同学们共同去维护，及时发现它们存在的安全隐患，并向学校汇报。本大周中，学校会开展“冷眼看安全”的活动，每个同学都可以去寻找并发现学校教育教学各项设施存在的安全隐患，然后由学校后勤部进行妥善的维修，给我们创造一个安全的环境。

在“安康周”里，希望全体同学都能锻炼出健康的身体，守住内心的宁静，共同创造安全的环境，好好学习，天天向上，身心俱健，快乐安康！

谢谢！

修身

修身——传承国学经典，涵养中华魂魄

品悟·成长

向美而生
向阳成长

红伟

尊敬的各位领导、老师，亲爱的同学们：

大家上午好！

在举国上下高举习近平新时代中国特色社会主义思想伟大旗帜去追梦、圆梦的征程中，我们召开“青少年国学大会”是一件非常有意义的事情，因为这是对中华优秀传统文化的创造性转化和创新性发展。国学传承文明，经典浸润人生。我们一直在学国学，背国学，用国学。那么，我们到底应该怎样去理解国学呢？我认为，应该从四个层面来理解我们的国学。

第一个层面是生命的层面。

在《论语》中，孔子说：“吾十有五而志于学，三十而立，四十而不惑，五十而知天命，六十而耳顺，七十而从心所欲，不逾矩。”孔子用他的人生经历告诉我们，生命是一段很长的路。屈原也说：“路曼曼其修远兮，吾将上下而求索。”我们要在生命的征程中，汲取人类文明的成果，丰富自己的人生，让自己的生命变得更加有意义。所以，国学教我们学习六艺：礼、乐、射、御、书、数；教我们学习八德：孝、悌、忠、信、礼、义、廉、耻；教我们学习琴、棋、书、画、剑、诗、歌、茶、酒、花，还教我们学习戏剧、书法等一切关于人类文明的成果。所以，国学的第一个层面就是给我们的生命打开一扇窗，让我们能更多地接受中华优秀传统文化的熏陶，丰富生命的内涵。

第二个层面是家国的层面。

我们从小就开始诵读《三字经》和《弟子规》，大家想一想：《三字经》的开篇是什么？“人之初，性本善。性相近，习相远。苟不教，性乃迁。教之道，贵以专。昔孟母，择邻处。子不学，断机杼。窦燕山，有义方，教五子，名俱扬……”这都讲了些什么呢？“人之初、性本善”讲的是每个人一生下来全都一样，是善良的，但又为什么“习相远”了呢？就是因为我们所处的家庭环境、社会环境不同，所培养的习惯不同，所以才造就了我们不同的外在表现。“窦燕山，有义方。教五子，名俱扬”讲的是家庭教育的重要性，让我们有一个家庭观念，在家庭生活中培养自己良好的品德。

《弟子规》的总叙是“弟子规，圣人训。首孝悌，次谨信。泛爱众，而亲仁。有余力，则学文”，其后的“父母呼，应勿缓。父母命，行勿懒。父母教，须敬听。父母责，须顺承”，也是用家庭的观念来告诉我们，应该怎样做一个中华民族的优秀儿女。

《三字经》《弟子规》都告诉我们，来到世界上最开始的单位就是家庭，我们要有深刻的家庭观念和家族观念。但是，只有这些就够了吗？不够，因为家是最小的国，国是千万个家，我们除了有家，心中还得有国。《大学》中就有“一家仁，一国兴仁；一家让，一国兴让”的说法，如果每个家庭都是完美的家庭，那么这个国家就是完美的国家了。所以，从这个意义上来讲，我们学国学，就要有家庭、家族、民族、国家的理念，有“四海一家，地球一家，宇宙一家”的观念。

第三个层面是自然的层面。

我们的启蒙教材《千字文》开篇是怎么说的？“天地玄黄，宇宙洪荒。日月盈昃，辰宿列张。寒来暑往，秋收冬藏。闰余成岁，律吕调阳……”，上来就为我们展开了一个非常宏大的宇宙画卷，人离不开自然，人是宇宙当中不可或缺的一分子。

我们这个宇宙、这个自然是什么呢？“道生一，一生二，二生三，三生万物”，把这句话反过来说，我们就知道万物生于哪儿了，“万物生于三，三生于二，二生于一，一生于道”，原来一切都生于道啊！那么，道是什么呢？道就是我们古代先贤根据日常的规律所总结出来的一种哲学：“人法地，地法天，天法道，道法自然。”所以，我们看到的日出日落、潮涨潮落、花开花谢、月盈月亏，还有我们感受到的“春有百花秋有月，夏有凉风冬有雪”，这些都是自然。我们学国学就要有辩证的思想，从哲学的高度来看待我们世间的万物，把自然都装入我们的心中。

第四个层面是自我的层面。

从《论语》中的“己所不欲，勿施于人”“己欲立而立人，己欲达而达人”到范仲淹的“先天下之忧而忧，后天下之乐而乐”，从鲁迅先生提出的“我以我血荐轩辕”到中国共产党提出的“全心全意为人民服务”。这些都彰显了一种境界——将自己献给自己的事业，自己的国家，自己的民族。所以，学国学的最高境界是，跳出自我，用无我的境界推动人类社会的发展。

国学能丰富我们的内心，让我们的人生更有价值，让我们的生命自带光芒。我衷心地希望所有同学能够在“青少年国学大会”这一平台上丰富自己，展现自己，成就最美的自己！也希望“青少年国学大会”能够圆满成功。让我们以此为契机，共同“为天地立心，为生民立命，为往圣继绝学，为万世开太平”！

谢谢！

感悟

感悟——在生活中思考人生

品悟·成长

向美而生
向阳成长

红伟

尊敬的老师们，亲爱的同学们：

大家上午好！

在中国古典四大名著之一的《红楼梦》中，有一副对联流传甚广：“世事洞明皆学问，人情练达即文章。”意思是明白了事理，能从事理中感悟、总结出事实规律，就会发现处处都有学问；学会了恰当地处理人情世故，就会发现处处可做文章。也就是说，我们生活中的很多事情，只要仔细思考，都能给我们带来一些人生感悟。

世事洞明皆學問
人情練達即文章

我们刚刚结束的这个小长假中，发生的一件事对我的触动非常大。事情是这样的：

我们放假的那天上午，我十一点二十分左右回到了家里，一进家也和同学们平常进家门时说的话差不多，我说：“妈，我饿了，今天中午吃什么？”我妈说：“怎么今天回来这么早？”我说：“今天放假了，其他的事情也少，所以就早点回来了，您说吃什么？”我妈说：“如果图快，吃面条，五分钟就好；如果图好吃，好吃不过饺子，半个多小时才好。”我一听吃饺子，兴奋地说：“好，咱们吃饺子吧。”我妈说：“行，你去择菜，我去和面，一会儿我们就包上饺子了。”

包饺子的过程是很无趣的，包了一会儿，我就有些厌倦了。当时，我说了这样一句话：“妈，咱当初还不如选择吃面条呢，要吃面条早就做完吃好了。”我妈说：“儿子，我得批评你两件事。第一，吃饺子是你自己选择的，你现在又后悔了，这是不行的。世界上没有后悔药，你现在要做的就是怎么才能把饺子快点包好，把你对生活的感悟，对美味的向往，全部包进饺子里面。第二，你经常给学生做励志演讲，你不是说天下没有免费的午餐吗？你不是说不劳而获是不可取的吗？你不是说阳光总在风雨后吗？你不是说不经一番寒彻骨，怎得梅花扑鼻香吗？既然想吃美味的饺子，你就要经历包饺子这一段枯燥的过程。”

听妈一席话，胜读十年书。妈妈的话让我羞愧万分，我开始“静心研究”怎么快点把饺子包好，并把我对工作的热爱、对家庭的责任、对生活的感悟，全部通过指尖，包进了饺子里面。因为是自己的劳动成果，而且在劳动过程中我还受到了一番教育，所以那顿饭，我吃得格外香。

我觉得这件生活中的小事，给我的启发很大，它反映出来的道理也适用于每位同学，因为同学们现在所处的这一阶段正像我刚刚回到家感觉饥饿的那个阶段。还有18天就要放寒假了，还有整整一个月，我们就要过春节了。今天是腊月初一，同学们都想过一个欢乐的、美好的春节，是不是？

“是。”（学生大喊）

这就如同我对于饺子的美好向往。同学们现在是不是就开始对自由玩耍有了很强的渴求？

“是。”（学生回答）

这就如同我现在饿了，想马上吃东西的感觉。

同学们是想现在玩耍，考不好后带着惭愧的心情过个别别扭扭的春节，还是想带着优异的学期评价单，在寒假里痛痛快快地玩耍呢？相信你们的选择和我的选择是一样的，我选择吃美味的饺子，你们选择寒假时无忧无虑地玩耍。这样来类比，如果我们现阶段玩耍的话，就没有良好的期末成绩单，回到家以后，迎接我们的可能是妈妈的“女子单打”，或者是爸爸的“男子单打”，又或者是妈妈和爸爸的“男女混合双打”，要是那样的话，春节的玩耍计划就泡汤了。因此，如果我们的目标是过一个快乐的寒假，我们首先就要有一份好的成绩单。要想有好的成绩单，就得付出努力，用心学习，掌握知识后让自己变得更自信。那么，同学们究竟该如何度过寒假前的这段学习生活呢？我来给大家支两招。

第一招，放弃懒惰，选择勤奋。

在哈佛大学图书馆里边，有这样一句训言：“勿将今日之事拖延至明日。”因为哈佛大学的教授们发现，成功的最大障碍就是拖延，拖延归根结底在于人的惰性思维。海尔集团董事局主席张瑞敏也说过“日事日毕，日清日高”这样的话，这句话也是海尔集团奉行的管理法则。因此，同学们的课堂也应堂堂清，日日清，周周清，月月清。我们每堂课有小测，每天有一节自习课，每周有周测，每个学期还有期末测试，就是为了让同学们对知识进行查漏补缺，让同学们的每一段学习之旅都过得充实、完美。

富兰克林说过，懒惰像生锈一样，比操劳更能消耗身体。因为懒惰的过程是意志力在自我斗争中消亡的过程。比如，早晨醒来该起床了，大脑发出了起床讯号，身体却没有动；起床之后该做作业了，看着作业想做，但就是拿不起笔来；写作业的时候，刚写完一半便想着先去玩耍，留下一半到明天再做……所以，我们的意识和我们的懒惰思想、行为始终在进行着激烈的斗争。但是，当我们顺从自己的意识，选择勤奋的时候，就做到了知行合一，也做到了意识和行为的统一，这样我们的身体是和谐的，我们的感觉也是愉悦的。

古罗马的皇帝有一句遗训——勤奋是通往荣誉圣殿的必经之路。他修了两座大殿，其中有座大殿，所有人都想进去，是荣誉殿堂。但是进入荣誉殿堂之前，要先进入另一座殿堂，那座殿堂为勤奋殿堂。古罗马的皇帝用这两座殿堂告诉他的后人，也告诉我们世界上的所有人：要想拥有荣誉，必须勤奋。

同学们记住这句话——成事在勤，谋事忌惰。放弃懒惰，选择勤奋，掌握好的方法，再加上自己的努力，肯定能换来美好的未来。

第二招，告别散漫，选择专注。

古希腊哲学家亚里士多德是希腊哲学的集大成者。他既是柏拉图的学生，也是亚历山大的老师。马克思称他是古希腊哲学家中最博思的人物，恩格斯称他为“古代世界的黑格尔”。亚里士多德的成功得益于他天资的聪慧，得益于他态度的谦逊，得益于他行为的好学，但最重要的是，得益于他对事物的专注。

他经常这样做：只要有问题想不明白，他就会待在自己的院子里，一直冥思苦想，直到想出问题的答案为止。

我们都知道，不经过聚焦的光束永远成不了激光，同理，一个人如果没有把精力集中到一件事情上，就不会成功。哈佛大学的教授们也经常告诫他们的学生，全面发展非常重要，涉猎广泛也很有必要，但在必要里边的重中之重是一定要选择一个领域，投入你全部的精力，这样才能够成功。

专注就是我们中国伟大的领袖毛泽东，一生只做一件事，让中华民族站起来；专注就是伟大的作家海伦·凯勒，一生只做一件事，在失明、失聪的情况下，表达丰富的内心世界；专注就是“铁榔头”郎平，一生只做一件事，发展排球运动；专注就是徐悲鸿，一生只做一件事，发展中国的现代美术事业……专注就是将我们的注意力集中到我们想要实现的目标上来，不断寻找达到目标的方法，再辅以勇往直前的行动，并最终实现自己的目标。

同学们，寒假马上就要到了，希望同学们、老师们一起放弃懒惰，选择勤奋；告别散漫，选择专注。现在，立刻，马上，为了美好的明天，开始加油努力！

谢谢！

成长

向美而生
向阳成长

红伟

尊敬的老师们，亲爱的同学们：

大家新年好！

“天时人事日相催，冬至阳生春又来。”在这辞旧迎新之际，我谨代表信都学校董事会、校委会向辛勤工作、无私奉献的全体教师，向健康成长、阳光快乐的全体学生致以节日的美好祝愿，祝愿大家在新的一年里，“长风破浪会有时，直挂云帆济沧海”！

在过去的2017年，我们伟大的中国共产党成功召开了第十九次全国人民代表大会（以下简称“党的十九大”）。党的十九大是一件举世瞩目的盛会！在党的十九大中，国家规划了发展的战略目标：到2020年，我国全面实现小康社会；到2035年，我国基本实现社会主义现代化；到2050年，把我国建成一个富强、民主、文明、美丽的社会主义现代化强国，也就是实现我们中华民族伟大复兴的中国梦。

同学们可以自己算一下，2017年时，你是多少岁？2035年时，你是多少岁？到2050年的时候，你又是多少岁？（学生纷纷回答：13岁，31岁，46岁）孔子说：“吾十有五而志于学，三十而立，四十而不惑，五十而知天命，六十而耳顺，七十而从心所欲，不逾矩。”人的一生中，对社会做出重要贡献的黄金年龄阶段就是30～60岁。从这个意义上来讲，我们中华民族从基本实现社会主义现代化到迈向伟大复兴的这样一个重要的历史节点的历史责任，就要靠在座的所有同学的双肩担负起来，这个责任具有划时代的历史意义。

那么，再来反观我们现在所处的这个时代，日新月异已经不足以表达现在的变化速度，因为我们已经迎来了一个秒变的时代。人工智能、工业4.0时代已经来临，面对着中华民族伟大复兴的历史担当，面对着瞬息万变的复杂社会，我们应该如何去打造自己、完善自己呢？

在新年来临之际，我送给大家一个“新年大礼包”——两个关键词。

第一个关键词是志趣。

“海阔凭鱼跃，天高任鸟飞。”我们学校不仅仅是一个学习科学文化知识的场所，更是同学们提高核心素养的舞台。舞台之上是健康、茁壮成长的同学们，而舞台之下充满着的是老师的期盼、家长的期盼、社会的期盼。我们应该怎么做呢？“不学操缦，不能安弦。不学博依，不能安诗。不学杂服，不能安礼。不兴其艺，不能乐学。”我们就要用高远的志趣来激发自己，让自己全面成长，用礼、乐、射、御、书、数这六艺来修身，修自己的崇圣致贤之身；用孝、悌、忠、信、礼、义、廉、耻这八德来养气，养自己的浩然中正之气。

第二个关键词是沉醉。

有这样一句流行语我很欣赏，觉得非常励志，我也曾经用这句话作为我某次演讲的结束语送给过大家，那就是“努力到极限，拼搏到感动”。我曾经以为这句话就是我们人生拼搏的最高境界了，但是现在想来，它并不是我们拼搏的最高境界，我们拼搏的最高境界应该是什么呢？应该是

“欣于所遇，暂得于己，快然自足，不知老之将至”，也就是说，我们就要像屠呦呦沉醉于研究青蒿素一样，像莫言沉醉于文字的世界当中一样，忘了自我，忘了时间，忘了斗转星移，忘了时光荏苒，尽情地沉醉在自己所从事的学习和工作当中，因为沉醉是最美的遇见。

同学们，梁启超先生有言：“少年智则国智，少年富则国富，少年强则国强，少年独立则国独立，少年自由则国自由，少年进步则国进步，少年胜于欧洲，则国胜于欧洲，少年雄于地球，则国雄于地球。”希望全体同学在新的一年中，勇敢地去创造，大胆地去开拓，用自己丰盈的生命状态来挺起我们中华民族的脊梁。

老师们，孔子万世风骨在，一腔热血写春秋！教育是生生不息的人类工程，而我们全体教师都是追逐太阳、九死不悔的人类灵魂工程师。教育是科学，教育是文化，教育是艺术，在新一轮的365个日夜将要来临的时候，让我们全体教师一如既往、孜孜不倦地去追求，一起手执教鞭长空舞，舞动民族振兴、国家富强、人民幸福的中国梦，舞动有教无类、因材施教、终身学习、人人成才的中国教育梦，舞动立足冀州、辐射河北、面向全国、走向世界的信都发展梦！

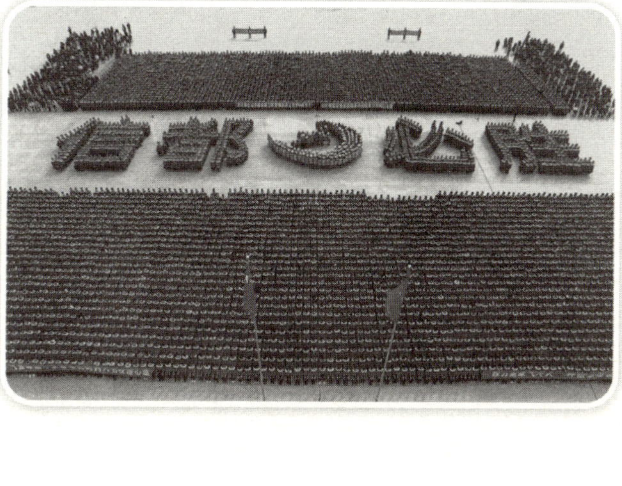

老师们，同学们，一年之计春为早，万里长征志在先。在新旧交替之际，我们回首昨天，无怨无悔，战果辉煌；我们展望明天，豪情满怀，彼岸在望。让我们一起携手并肩，共生共进，一起2018，梦圆2050！

谢谢！

为乐

为乐——为乐为乐，陶冶身心

品悟·成长

向美而生

向阳成长

红伟

尊敬的老师们，亲爱的同学们：

大家晚上好！

乐

“辞旧岁同享音乐盛会，迎新年共庆欢乐时光。”

今天晚上，我们有同样的心情，体现出来的就是这个字——“乐”，“同乐（lè）”“同乐（yuè）”，两个读音。

我们先来说一说“乐（lè）”。在2016年最后一天的最后时刻，我们来回顾一下这一年的生活，就像歌里唱的一样，“这一年总的说来，高兴的事挺多，家人不错、朋友不错、自己也不错”。2016年，信都学校围绕着“一切为了学生健康成长”的办学宗旨，围绕着“立足冀州，辐射河北，面向全国，走向世界”的办学目标，取得了可喜的成就。《中国教育报》报道了我们，《燕赵都市报》称颂了我们，《河北法制报》宣传了我们，我们的办学实力与日俱增，我们的办学层次也是芝麻开花——节节高，同学们的学友已经遍及北京、天津、河北、山东、河南的五个省市，十六个地区，六十二个县（市）、区，真的是可喜可贺。

一切为了学生健康成长

2016年，同学们也是非常欢乐的。从最开始的遥知信都声誉，到后来的向往信都生活，通过信都考试，踏入信都校门，并最终融入信都文化，广交信都学友，这一路走来，同学们因为信都而奋斗，因为奋斗而充实，因为充实而收获，因为收获而丰盈，因为丰盈而成长，因为成长而快乐！

我们再来说一说“乐（yuè）”。两千多年前，至圣先贤孔子就告诉我们要修六艺：礼、乐、射、御、书、数。“乐”排在了“六艺”的第二位，可见音乐对于一个人的重要性。我们的国家有国歌，共青团有团歌，少先队有队歌，学校有校歌，班级有班歌，同学们也都有自己喜欢的音乐。音乐总能给人以欢乐，给人以力量，给人以希望。在今天这个辞别旧岁、迎接新年的时刻，我们就用音乐的方式回忆我们过去一年的收获，度过这个美好的夜晚，憧憬我们美好的明天吧！

最后，祝愿老师们和同学们在新的一年里能有自己的大胸怀、大格局，在学习和生活中发扬工匠精神，使出自己的“洪荒之力”，实现自己“为乐（lè）”“为乐（yuè）”的目标！

谢谢！

悦读

悦读——互助阅读，快意人生

品悟·成长

向美而生

向阳成长

红伟

尊敬的老师们，亲爱的同学们：

大家上午好！

我今天非常高兴，因为，从你们热切的眼神中，我看到了你们对知识的渴望；从你们绽放的笑脸中，我看到了你们内心的愉悦；从你们刚才热烈的掌声中，我听出了你们对阅读的期盼。

本学期是以“人人参与筑梦”的方式来拉开帷幕的。开学之初，每个学生都制作了一个精美的梦想卡，到校后，第一时间和家长将梦想卡展示在了梦想墙上。因为梦想，我们扬帆远航；因为梦想，我们砥砺前行。

借着三月的春风，我们开启了“互助周”的行动之旅。本大周，我想为同学们打开一扇通向知识殿堂的窗——阅读，也就是我们即将开展的“海读博览大漂流”活动。那么，本大周的主题“互助”和“海读博览大漂流”活动有什么关系呢？我觉得读书是更高层次和更广范围的互助，因为读书可以丰富自己，使自己变得更强大、更有能力，这样我们才能更好地帮助他人。因此，我们所说的“互助”，指的就不仅仅是我帮你打饭，你帮我值日，他帮我开门等方面的互助，而更多指的是同学之间在知识上、精神上、意识上的互助。

我们用精神相互支撑，我们用品质相互濡染，我们携手并进、共同发展，这是深层意义上的互助！所以，我们要在阅读中提升自我，在阅读中进行高层次的互助。

阅读能带给我们什么呢？我觉得有四个方面。

第一，阅读能够让我们了解世界文化，深刻理解中华文化。

学校给大家提供了海读博览的阅读包，有中考必读的，有诗意生活的，有曹文轩系列的、沈石溪系列的，等等。尤其是在诗意生活和中考必读方面，有很多国外名家所作的名篇、名著，这样，我们在受到文学熏陶的同时，还可以了解国外文化。同时，每个人都有一个必读书目，是什么呢？对，就是《论语》。早在1988年，有位诺贝尔奖获得者在接受采访时就提到，“人类要想在21世纪更好地存活下去，就必须回到2500年前，向中国的孔子汲取智慧”。截至2017年，中国的孔子学院在全世界已经有525所，这是世界上任何一所大学都达不到的成就。

中华文化是最为博大精深的。曾经有这样一个案例，一个国学大师在一个国际会议上讲中华文化，他说“两个黄鹂鸣翠柳”，结果被翻译成了“Two birds are singing（两只小鸟在唱歌）”，这意境就差了很多。国学大师接着讲中华文化的时候，出事了，什么事呢？在座的人都指着自己的耳机，反映没有声音了。为什么没有声音了？因为国学大师正在讲“孔德之容，惟道是从。道之为物，惟恍惟惚。惚兮恍兮，其中有象；恍兮惚兮，其中有物。”翻译人员不知该如何翻译了……中华民族最为玄妙的哲学问题，用其他国家的语言是无法很好地表述出来的。所以，我们身在中国，身为中国人，就得要认认真真地学习我们的中华文化。

第二，阅读能够培养我们的大心胸、大气魄、大情怀。

列举几个人物，唐太宗李世民、新中国的开国领袖毛泽东，他们都特别热爱阅读。因为阅读，他们有了自己的大心胸、大气魄、大情怀，当然也干出了一番大事业！

李世民曾说：“以铜为镜，可以正衣冠；以古为镜，可以知兴替；以人为镜，可以明得失。”他把历史当作一面镜子来照自己，如果没有大量的阅读，没有文化知识的积淀，他是绝不会有这样的情怀的。

毛泽东说过，“鲲鹏展翅，九万里，翻动扶摇羊角。背负青天朝下看，都是人间城郭”；“可上九天揽月，可下五洋捉鳖”；“小小寰球，有几个苍蝇碰壁。嗡嗡叫，几声凄厉，几声抽泣”。这三句是他三首词当中的名句，尤其是最后一句“小小寰球，有几个苍蝇碰壁”，他把地球都当乒乓球来看了，可以想象当时毛泽东的心怀、情怀有多大了。

这些人用自己的言语，用自己的行动告诉我们，没有海量的阅读，是不能够有大心胸、大情怀的！同学们，你们都是祖国的花朵，祖国的未来需要你们去开创，你们要在阅读当中培养自己的大心胸、大情怀。

第三，阅读能够丰富自己的语言体系。

今天比较冷，我随机找了几位学生说了说天冷的感觉，他们说：

“寒风凛冽，寒气逼人。”

“气温太低了，真冷，简直是滴水成冰的程度了。”

“哆啰啰，哆啰啰，寒风冻死我，明天就垒窝。”

大家可以听出来，他们的语言表达有的干涩，有的理性，有的幽默，但是一下子就能判断出一个人的语言是丰富还是贫瘠。那么，一个人的语言体系是如何形成的呢？怎样才能形成一个良好的语言体系呢？结论是，必须有大量的阅读，且要不断地积累。

我的初中同学建了一个微信群，我们经常在群里发些人生感悟。国庆节假期结束，我在上班的时候看到了外面的七彩朝霞，就在群里发了一首小诗：

谁倾画盘染东方，一轴彩卷裁霓裳。

秋风不解骚人意，拂隐六彩化朝阳。

我的小诗一发出，就引起了群里同学们的热烈讨论，有位同学说：“卢学委还是这样能说会道。”（我上学的时候是学习委员）

有位同学说：“你在逛街的时候，卢学委在读书；你在发呆的时候，卢学委还在读书。”

还有一位同学恰到好处地上了一个段子：为什么要阅读呢？因为只有阅读了，你看到一群鸟的时候，才能吟诵出“落霞与孤鹜齐飞，秋水共长天一色”，而不是说“我的天啊，好多鸟”；当你骑马奔驰在茫茫大漠的时候，你会想到“大漠孤烟直，长河落日圆”，而不是“哎呀，全都是沙子，快回家吧”！

这就是阅读带给我们的好处，它能丰富我们的语言体系。如果你问：怎样才能让自己的言语受人喜欢？答案是海量阅读。

第四，阅读能给予我们更高层次的互助。

我们信都学校的校徽是什么？星月。“星月相辉，和谐永存，成人达己，成己为人”，这是校徽的内涵所在。其实，校徽的内涵就已经告诉我们要怎样去互助了——成人达己，成己为人。帮助他人的同时可以成就自己，成就自己才能更好地帮助他人。如曹文轩，他用他的文学作品感染了很多青少年，帮助他们丰富了精神世界，净化了情感，同时，他也受到了很多人的尊敬和喜爱。再深入地想一想，帮助他人的基础是自己有能力，所以“成人”必须先“达己”，“为人”必须先“成己”。因此，我们想要成就自己，就先要扎进书海中，拼命地汲取文化知识。只有丰富了自己的内涵和气蕴，才能有一个更高层次和更广范畴的互助。

“文章是案头之山水，山水乃地上之文章。”同学们，拿起书来阅读吧！“黑发不知勤学早，白首方悔读书迟”，让我们一起发奋，识遍天下字，读尽人间书！

谢谢！

演讲

演讲——慧心妙舌，问鼎天下

向美而生

向阳成长

红伟

尊敬的老师们，亲爱的同学们：

大家好！

“春风化雨感恩心，润物无声尊重行。”在今天的主题演讲比赛中，看到老师和同学们同台演讲时，我想到了两个人。

第一个人是我们的至圣先师孔子，因为他是第一个打破学在官府，推动学在民间的人，他也是提出师生平等、有教无类、因材施教的第一人。今天我们老师和同学站在同一个演讲平台上，就践行了孔子的教育思想。

我想到的第二个人，大家可能不太熟悉，但是，我随便说出他的几个学生来，哪一个都是振聋发聩的，哪一个都是如雷贯耳的，哪一个都是大名鼎鼎的。比如，孙膑、庞涓、苏秦、张仪、商鞅，毛遂，等等，这些名人有一个共同的老师，那就是鬼谷子，号曰“鬼谷先生”。

战国时代，鬼谷子教过的学生都成了能创造历史、改变国运的人，那么鬼谷子都教给学生一些什么呢？他教学生：“捭阖者，道之大化，说之变也。”“捭之者，开也、言也、阳也；阖之者，闭也、默也、阴也。”“捭阖之道，以阴阳试之。”“由此言之，无所不出，无所不入，无所不可。可以说人，可以说家，可以说国，可以说天下。为小无内，为大无外。”也就是说，每一个人都要把演讲能力练出来，口乃心之门户，如果把演讲能力练出来，那我们就可以化腐朽为神奇，化干戈为玉帛，化不可能为可能，“搅长河为酥酪，变大地作黄金”。

我们要训练自己的演讲能力，就要先知道什么是演讲。

我们看第一个字“演”，《说文解字》中“演”是从水的，现在我们的“演”字还有“水”字旁。大家可以想一想，水是什么形状的？水可以是任何形状的。倘若用矿泉水瓶盛着水，水就是矿泉水瓶子的形状；用方形的盒子盛着水，水就是方形的；用球形容器盛着水，水就是圆球形的。

我们还有一句非常有名的话，“仁者乐山，智者乐水”。水也是道家学派的创始人老子的悟道之源，他说：“天下莫柔弱于水，而攻坚强者莫之能胜。”就是说水看似柔弱，然而它的力量之大不可想象。他还说：“水善利万物而不争，处众人之所恶，故几于道。居善地，心善渊，与善仁，言善信，政善治，事善能，动善时。”这些哲思哲语均源于水。

我们讲演员、演出、演讲，就是说大家要像水一样，在不同的场合定位好自己的角色，定位是哪个角色，就要全身心投入到哪个角色中去。出色的演员，他们无论出演哪个角色，你都会觉得这个角色就是为他量身定做的。这就是说，演员得把自己融入角色当中去。

说完“演”，再说“讲”。“讲”是什么？说话就是讲。

一言以蔽之，演讲就是定位好自己的角色，用自己的语言去影响他人，改变他人。那么，我们应该怎样去演讲呢？

我们演讲首先要确定主题，要让大家知道你要表达的核心观点是什么。确定主题之后，就要去搜集素材、组织语言。而这具体又是如何做的呢？

演　讲

第一，从自身搜集素材。就是将我们亲身经历过的、我们切身体会到的，用艺术的语言方式表达出来。讲故事要想打动人有五个要素，我简称为“五何法”，即何时、何地、何物、何事、何故。讲述的时候，要条理清晰、重点突出、细节逼真、适当幽默。

第二，如果说觉得自己的故事还不能够打动他人的话，那么，我们可以从他人身上去寻找素材，我们的老师、同学，每个人身上都有我们所需要的素材。如果说这些素材还不够权威，还不够影响他人的思想，还不够改变他人的观点的话，那么，我们还可以去书籍当中寻找素材。

比如，刚刚李老师讲到的叔本华如何尊敬他人的例子。叔本华是个大名鼎鼎的人物，这个名字自带光环。如果你演讲的题目是关于尊敬他人的，那么，你就可以采用这个例子，它能使演讲人的观点听起来更加可信。

我开始演讲时，讲到孔子，讲到鬼谷子，使用的也是这个技巧。刚才同学们的演讲也使用了大量这样的技巧，比如，王同舟同学在表达“嘴上无毛，办事不一定不牢，能力和年龄无关”的观点时，讲到民族英雄岳飞20岁从军，开始带兵抗金的生涯，他的儿子岳云12岁参军，16岁就立下了战功；军事家拿破仑24岁就是上将；周恩来26岁就担任了黄埔军校政治部主任；叶挺年仅29岁就创立了“叶挺独立团”。最后，王同舟同学还不乏幽默地说他自己13岁就站在了演讲台上，争夺第一名。我们觉得，这样的演讲就比较能打动人。

我们的演讲要想获胜，还取决于一个重要的方面，就是每位老师和同学要做到眼中有观众，心中有学问，口中有妙语，腹中有诗书，整体有形象。我看到今天每位参加演讲的老师和同学，都已经做到了脱稿，做到了我口说我心，我眼看观众，这就相当不错。

今天我跟大家分享的是什么是演讲，演讲讲什么，我们怎样演讲才能获得成功。另外，好的演讲能力也可以帮助演讲者树立良好的个人形象，取得更好的发展。

最后，希望每一位同学都可以以今天的演讲为契机，由此及彼，举一反三，实现修身、齐家、治国、平天下的伟大理想！

谢谢！

江苏凤凰教育出版社
《行知工程》系列丛书目录

系列	序号	书　　名	作者	定价
教育管理力系列	1	《成长关键词——卢红伟教育演讲录》	卢红伟	36.00
	2	《学校管理“非常道”——无痕管理的场域建设》	陈兴杰	45.00
	3	《缔造唯美教育——延奎小学素质教育实施策略》	易增加	30.00
	4	《让普通学校崛起的20个细节——“生命为本”教育团队成长密码》	李其玉	30.00
	5	《“走”出教育的精彩：走动式学校管理文化构建》	罗　军	30.00
	6	《校长兵法：学校管理四十六计》	皮大鹏	30.00
教育思想者系列	7	《名校之道——陶继新对话名校长（1）》	陶继新	30.00
	8	《名校之道——陶继新对话名校长（2）》	陶继新	35.00
	9	《名校之道——陶继新对话名校长（3）》	陶继新	42.00
	10	《名校之道——陶继新对话名校长（4）》	陶继新	40.00
	11	《名校之道——陶继新对话名校长（5）》	陶继新	42.00
	12	《名校之道——陶继新对话名校长（6）》	陶继新	42.00
	13	《名校之道——陶继新对话名校长（7）》	陶继新	42.00
	14	《治校之道——小学名校长的办学智慧（1）》	陶继新	35.00
	15	《治校之道——小学名校长的办学智慧（2）》	陶继新	32.00
	16	《治校之道——小学名校长的办学智慧（3）》	陶继新	35.00
	17	《治校之道——中学名校长的办学智慧（1）》	陶继新	40.00
	18	《治校之道——中学名校长的办学智慧（2）》	陶继新	35.00
	19	《父母要成为子女的精神导师——五个孩子走向卓越的奥秘》	陶继新	43.00
	20	《品鉴教育文化盛宴——陶继新序跋屯集》	陶继新	45.00
	21	《为什么而出发——一位研究者对教育本质的沉思》	齐　健	35.00
	22	《高效教学的道与术——陶继新教育讲演录》	陶继新	30.00
	23	《铸造一流教育品质——陶继新区域教育巡礼》	陶继新	35.00
	24	《铸造一流教育品质——陶继新区域教育巡礼（2）》	陶继新	40.00
	25	《教育，一切从孩子出发》	黄　俭	30.00
	26	《教育可以变得简单——献给教师和家长的书》	黄　俭	36.00

系列	序号	书名	作者	定价
教育求索系列	27	《STEM⁺教育的课程整合与教学实践》	肖　萍	40.00
	28	《做有智慧的班主任——班主任讲述自己的反思与智慧》	李　楠　李志远	35.00
	29	《成语育人——成语文化课程的开发与实践》	张红梅	35.00
	30	《做有思想的教师》	张玉彬	45.00
	31	《区域规范性教研共同体建设及其实践》	陈宗成	40.00
	32	《让诗意润泽心灵——德育校本课程的开发与实施》	陈亚兰	40.00
	33	《联想形象识字教学——让学生感悟汉字神韵》	侯忠彦	50.00
	34	《思维导图教学法：一位历史老师的教学探索》	罗培生	35.00
	35	《让经典滋养人生——名著导读教学策略（中学）》	郑建忠	35.00
	36	《关注每一位儿童的发展——语文小班化教学的探索和实践》	何慧玲	40.00
	37	《让生命诗意地栖居——诗意教育的理念建构与实践探索》	钱丽美	40.00
	38	《怎样上好语文课——时鹏寿解析精彩课例》	时鹏寿	45.00
	39	《让书香浸润生命——时鹏寿伴你品读经典》	时鹏寿	35.00
	40	《开在手心里的花——一位优秀教师的教育情怀》	詹雪莲	40.00
	41	《学科建设与教师发展——中学数学》	杨志文	30.00
	42	《欣说教育那“一亩三分地” ——一位一线教师的教育微思考》	王庆欣	30.00
	43	《爱的守望——一位一线教师对教育的坚守》	林卫红	30.00
	44	《思政教学的人文力量》	戴晓华	30.00
	45	《师道新说——给教育者的30条箴言》	徐　卫	30.00
	46	《快乐数学——初中数学教学方式探索》	孙国芹	36.00
校本研修系列	47	《成为研究型教师的实践智慧 ——中小学有效教科研76问》	徐　洁	40.00
	48	《徜徉语文教研》	肖俊宇	35.00
	49	《校本研修资源的开发与利用》	陈朝林	30.00
	50	《校本研修与教师专业成长》	吴积军	30.00
	51	《卓越教师经典研修成长策略》	刘天宝等	30.00
	52	《特色校本课程开发范例解读》	刘永平　李秀伟 张雪梅	30.00
	53	《高效校本研修模型构建艺术》	刘素雁	30.00
	54	《走向实践的教研——中小学教育科研引领与应用》	江　敏	30.00

系列	序号	书　　名	作者	定价
名师感悟系列	55	《追寻教育的精神力量 ——品悟教育名家的智慧与情怀》	侯登强	45.00
	56	《让心灵伴着歌声成长——22位音乐名师的教育智慧》	陈　璞	30.00
	57	《超越自我的教师——32位名师的成长感悟》	李卫东　李秀伟	35.00
	58	《心灵的守护者——19位名班主任的教育智慧》	王晓松　曲文弘	30.00
	59	《名师感悟班主任有效工作艺术90例》	符礼科	30.00
	60	《名师感悟有效教学90例》	林高明　徐玉烟	30.00
教育艺术提升系列	61	《不犯错误的学生不是好学生 ——把错误变为成功教育的拐点》	程莉霞	35.00
	62	《藏在师生体态语言里的教学智慧》	张　宇　廖生波	30.00
	63	《教师最应该规避的教育误区》	杨坤道	30.00
名师成长系列	64	《音乐名师成长启示录 ——20位音乐名师的心路历程》	陈　璞	35.00
	65	《情怀·智慧·境界——教育名家演讲录（1）》	钟惠河　李韫琬	30.00
精彩课堂系列	66	《让孩子零起点爱上阅读 ——上好阅读指导课的实施策略）》	彭小山	25.00
	67	《主题整合阅读教学（小学语文）》	成孟武	35.00
	68	《基于核心素养的数学教学》	赵红婷	35.00
	69	《中学生核心写作能力培养》	陶　波	36.00
	70	《给孩子更好的数学课堂》	易增加	30.00
	71	《小学生阅读素养的提升策略》	邵巧治	35.00
	72	《从语文素养走向生命成长 ——小学语文读写课堂教学密码》	曾海玲	30.00
	73	《真实的品德课》	朱淑秀	30.00
	74	《英语课堂学习共同体——新型的师生交互学习场》	杨延从	30.00
	75	《指导自主学习——初中数学学与教的研究与实践》	刘其武	30.00
	76	《玩出精彩的课堂 ——小学低年级教与学方式转变研究》	陶红松	30.00
	77	《让生命之花自主绽放——语文个性化教学建构策略》	商德远	30.00
	78	《让学生亲历知识——主体参与下体验式学习的实施策略》	何世祥	30.00

系列	序号	书名	作者	定价
教育探索者系列	79	《教育，静待花开——陪伴孩子一起成长》	武际金 王玉英	40.00
	80	《悦读立人——校园阅读文化体系构建策略》	杨世臣	30.00
	81	《教育智慧何处来——一位特级教师的思考手记》	付立金	30.00
	82	《和雅文化——校本课程的创新构建》	汤善香	30.00
	83	《让个性绽放精彩——学校课程体系整合与创生》	谢建伟 徐淑萍	30.00
	84	《让每个学生都幸福——最能润泽生命的学校文化建设》	谢建伟 张新喜	30.00
创新教学探索系列	85	《让阅读滋养学生语文素养——语文阅读教学策略与实施》	李洪芹	38.00
	86	《学校体育密码》	连仁都	36.00
	87	《我家住在〈诗经〉里》	李日芳	40.00
	88	《〈红楼梦〉里的语文课》	李日芳	30.00
	89	《品世界名画，学精彩作文 ——特级教师的“名画”作文教学法》	李日芳	36.00
	90	《学生数学整体思维培养 ——小学数学结构化教学的探索与实施》	颜春红	45.00
	91	《基于核心素养的体育与健康校本课程建设》	赵卫新	35.00
	92	《把古文教活——激活文言文课堂的教学策略》	刘小华	35.00
	93	《做童年面前最合适的人——我和孩子们的“童化语文”》	曹丽秋	30.00
	94	《玩出精彩作文——张化万活动作文教学经典策略》	张化万	35.00
	95	《让学生把母语用精彩——“语用课堂”的探索与实践》	佘小红	30.00
	96	《“备”出课堂精彩——备学式教学的课堂实践与思考》	张旭兰	30.00
	97	《神奇的阅读教室——带学生踏上美妙的阅读之旅》	李祖文	30.00
	98	《打造有生命力的课堂 ——“两步八环节”教学模式探索与实践》	查联智	30.00
	99	《最能培养学生探究能力的课堂 ——小学科学与信息技术单元整体课程实施与评价》	李怀源	30.00
	100	《最能激发学生运动天赋的课堂 ——小学体育单元整体课程实施与评价》	李怀源	30.00
	101	《最能提升学生艺术素养的课堂 ——小学艺术单元整体课程实施与评价》	李怀源	30.00
	102	《“生命语文”探索——焕发语文生命力的思考与实践》	王自成	30.00
	103	《粘连作文教学：让习作成为有个性的自我建构》	黄瑞夷	30.00

系列	序号	书名	作者	定价
创新教学探索系列	104	《备学式教学——在体验中建构数学思维》	单广红　范雪梅	30.00
	105	《向着自主进发——自主教育的创新实施智慧》	朱亚红	30.00
	106	《写中学——让学习更有效的学科写作教学》	钟传祎	30.00
	107	《小学科学实验总动员——大科学课堂有效提升学生创新力》	江美华	30.00
	108	《小学语文单元整体课程实施与评价》	李怀源	30.00
	109	《小学英语单元整体课程实施与评价》	李怀源	30.00
	110	《小学数学单元整体课程实施与评价》	李怀源	30.00
	111	《让教学更能激发智慧——"思维碰撞"课堂的建构与实施》	程和方	30.00
	112	《构建语文综合课新模式——家庭、社区、学校协同教学》	黄瑞夷	40.00
	113	《自主创新让教学成为有效引领》	蔡　隽	30.00
新父母教程	114	《一年级的孩子》	陈文芳	28.00
	115	《二年级的孩子》	陈文芳	28.00
	116	《三年级的孩子》	钱静霞	28.00
	117	《四年级的孩子》	谢　云	28.00
	118	《五年级的孩子》	陈　春	28.00
	119	《六年级的孩子》	袁卫星	28.00
	120	《七年级的孩子》	焦晓骏	28.00
	121	《八年级的孩子》	钟　杰	28.00
	122	《九年级的孩子》	凌宗伟	28.00
国际教育系列	123	《美国教育面面观——一位特级教师眼中的美国教育》	邵淑红	35.00
教师软实力系列	124	《教师人际沟通力》	黄爱华　夏丽娟	38.00
	125	《班主任教导力》	黄爱华　戴诗银	38.00
	126	《教师执业道德力》	黄爱华　夏丽娟	38.00
名校系列	127	《从校本课程走向学校课程——锡山高中课程探索之路》	唐江澎等	35.00
	128	《让每个孩子都成志 ——清华附小主题阅读课程的实施探索》	窦桂梅	30.00
	129	《让每个孩子都成志 ——清华附小主题实践课程的实施探索》	窦桂梅	35.00
	130	《向着朝阳走去——清华附小合作办学实践探索》	窦桂梅	30.00

系列	序号	书　　名	作者	定价
校长领导力系列	131	《学校细节管理的执行力》	林文明　王林发	30.00
	132	《校长智慧统筹的领导力》	谢耀丰　蔡丽姗 王林发	30.00
	133	《学校持续发展的研究力》	林文智　宋佳敏 王林发	30.00
	134	《学校和谐融洽的协作力》	陈一平　郭雪莹 王林发	30.00
	135	《学校教育提升的引领力》	谢文东　关敏华 王林发	30.00
	136	《学校团队成长的学习力》	黄纪　蔡美静 王林发	30.00
	137	《学校高效管理的创新力》	张　旭	30.00
	138	《学校成功管理的决策力》	邱黎明	30.00
	139	《高品质学校生长要素》	王益民	30.00
	140	《校长高效教学领导力提升策略》	徐世贵　郭文哿	30.00
新思维系列	141	《让后进生学习有后劲之 36 计》	严育洪	30.00
	142	《教育中的“不一定”——打破教育的 19 种思维惯式》	严育洪	30.00
教师修炼系列	143	《如何炼就课堂好声音——教师美嗓保健实用宝典》	薛建洲	30.00
	144	《与学生一起成长——90 后教师的心路反思》	王　晗	30.00
	145	《教育，爱与宽容——教师心灵礼仪修炼》	许力争	30.00
教育家核心思想系列	146	《叶圣陶论写作》	叶圣陶 著 李怀源 选编	30.00
	147	《叶圣陶谈阅读》	叶圣陶 著 李怀源 选编	30.00
	148	《多元智能理论的本土化应用》	刘治富	30.00
	149	《大教育家最具施教力的教学思想》	白刚勋	30.00
学生心理解码系列	150	《在人生的春天播种 ——十四岁，写给青春的一封信》	白宏宽	30.00
	151	《孩子问题行为一点通 ——只有好老师才知道的学生心理谜底》	严育洪	30.00
班级文化系列	152	《活力班级的文化建设》	胡　珏	30.00
	153	《做幸福的班主任》	吕　丽	26.00

系列	序号	书名	作者	定价
高效能教学系列	154	《高效能教师的10个好习惯（中学卷)》	张 瑾	30.00
	155	《让作文落地生根——提高写作实效的教学策略》	黄桂林	30.00
	156	《高效能作文教学5项修炼》	陈步华	30.00
	157	《高效能校长的10个好习惯》	张 勤	30.00
	158	《高效能教师的10个好习惯（小学卷)》	谢 英	30.00
	159	《高效能语文教学5项修炼》	王其华	30.00
新课程探索系列	160	《语文新课程的批判与重建》	葛桂斌	30.00
美国名师教学译丛	161	《美国名师游戏教学本土化应用：幼儿园》	（美）玛西娅 L. 泰特 著 胡 珍 瞿 菁 编译	30.00
	162	《美国名师游戏教学本土化应用：小学英语》	（美）玛西娅 L. 泰特 著 杨永华 张心影 编译	30.00
	163	《美国名师游戏教学本土化应用：小学数学》	（美）玛西娅 L. 泰特 著 谢艳红 编译	30.00
	164	《美国名师游戏教学本土化应用：小学科学》	（美）玛西娅 L. 泰特 著 刘丽萍 编译	30.00
	165	《美国名师游戏教学本土化应用：小学社会》	（美）玛西娅 L. 泰特 著 姜梅芳 编译	30.00
	166	《美国名师游戏教学本土化应用：小学音体美》	（美）玛西娅 L. 泰特 著 尹立志 编译	30.00
生态化校园系列	167	《文化管理——构建生态和谐校园的必由之路》	付全新	30.00
	168	《点燃学习的激情——构建校园生态化学习型组织》	杨树岳	30.00
	169	《课改突围——构建学校生态化教学体系》	杨树岳	30.00
教育新思考系列	170	《语文教育向何处去》	王 丛	26.00
	171	《教育，就是做好普通的事》	孙志毅	27.00
	172	《走出语文的偏见——让学生体悟文本的原义》	丛智芳	30.00
	173	《让语文教学更高效——批注式阅读教学探索》	韩中凌	30.00
	174	《读写互促——探寻学以致用的语文教学》	曹 龙	30.00
	175	《跳出数学教数学——用文化融通数学教学》	马建秀	27.00

系列	序号	书　　名	作者	定价
信息化教学系列	176	《巧用白板教语文——信息技术与语文教学操作指南》	蒋丽清	30.00
	177	《跨越式实现高效课堂——信息技术与课程整合高效教学方案评析》	陈　玲　刘　禹	30.00
教师必读系列	178	《教师必学的 16 堂修养课》	武宏伟	30.00
	179	《教师不可不知的教学心理效应》	叶勇军	30.00
	180	《班主任不可不知的管理效应》	奚一琴	30.00
	181	《教师不可不知的教育心理效应》	孙　媛	30.00
	182	《校长不可不知的管理效应》	谢申刚　张金豹	30.00
	183	《成为好教师的 7 项修炼》	王福强　李维华	30.00
	184	《如何让学生会学习》	龙　冰	30.00
	185	《如何让学生爱学习》	周震宇　许小燕	30.00
核心教学主张系列	186	《新生代语文名师核心教学主张》	许友兰	30.00
行思讲坛系列	187	《为了儿童的深度学习——问学课堂的建构与实施)》	潘文彬	45.00
	188	《灵动而朴素地教语文——潘文彬的微格教育生活》	潘文彬	30.00
	189	《师爱无疆——润泽学生心灵的教育故事》	侯忠彦	30.00
	190	《怎样反思更有效——促进教师专业发展的反思策略》	诸贝贝	30.00
	191	《成为高度自觉的教育者——写给后课标时代的数学教师》	许卫兵	30.00
	192	《哲思数学课》	刘全祥	30.00
	193	《智慧数学课——黄爱华教学思维的实践策略》	黄爱华	30.00
	194	《童趣数学课》	徐　芳	30.00
	195	《把学生教聪明》	严育洪	30.00
	196	《用语文的方式教语文——潘文彬教学主张与实践智慧》	潘文彬	30.00
	197	《怎样让阅读教学更有效——提升教学能力的十种读诵模式》	汪秀梅	28.00
	198	《让生命在润泽中起舞——当代小学生最需要的主题班会》	吴联星　罗　琳　冯卫东	30.00
	199	《让生命欢快拔节——当代中学生最需要的主题班会》	冯卫东　吴联星	30.00

系列	序号	书　　　名	作者	定价
行思讲坛系列	200	《课堂因生成而精彩——高效教学的生成智慧》	张文质	30.00
	201	《回到每一个人的生命化教育 ——张文质二甲中学教育行动录》	张文质	30.00
	202	《中小学生如何学会合作》	张玉彬　刘昕昱	40.00
中国教育变革之路丛书	203	《百年树人师何为 ——教师队伍建设困顿与出路》	将丽珠　李玉向	30.00
	204	《入园何时不再难 ——学前教育困惑与抉择》	曾晓东 范　昕　周　慧	30.00
	205	《三尺书桌何处寻 ——流动人口子女教育困难与破解》	范先佐	30.00
	206	《苦旅何以得纾解 ——高考改革困境与突破》	郑若玲	30.00
	207	《择校纠结何时了 ——择校问题困局与治理》	曾晓东　周文海 曾娅琴	30.00
创新教学思想系列	208	《“大问题”教学的形与神》	黄爱华　张文质	30.00
教育漫笔系列	209	《课堂，诗意地栖居》	吴书华	30.00
教学提升系列	210	《有思想地教阅读 ——让学生学会品读文字真意》	王学东	30.00
教学全手册系列	211	《小学习作教学全手册》	郭家海	30.00
	212	《中学写作教学全手册》	郭家海	30.00
	213	《情境教学操作全手册》	冯卫东	35.00
	214	《合作教学操作全手册》	李春华	35.00
	215	《探究教学操作全手册》	周新桂	35.00
	216	《自主教学操作全手册》	诸葛彪	35.00
	217	《创新教学操作全手册》	王　玮	35.00
	218	《班主任工作全手册》	刘沛华	35.00
	219	《新教师工作全手册》	周震宇	35.00
	220	《学生心理健康教育全手册》	刘海莉　刘春杰	35.00
	221	《高效教学操作全手册》	马友平	35.00

系列	序号	书　　名	作者	定价
创新人才培养系列	222	《创新人才培养校园科普精品课程开发与指导 ——人大附中创新人才培养》	罗　滨	30.00
	223	《创新人才培养特色校本课程开发与创新人才培养 ——清华附中“国际安全下的科学技术”课程构建与实施》	王殿军　方　研 赵宏雁	30.00
	224	《创新人才培养：学校实验室建设与管理》	刘克文 杨发丽　杨　平	30.00
	225	《创新人才培养：数学探究活动开发与指导》	马云朋　韩继伟	30.00
	226	《创新人才培养：化学研究活动开发与指导》	王　磊	30.00
	227	《创新人才培养：物理探究活动开发与指导》	廖伯琴	30.00
	228	《创新人才培养：地理探究活动开发与指导》	张建珍　陈　澄	30.00
	229	《创新人才培养：生物探究活动开发与指导》	张迎春	30.00
	230	《创新人才培养：理念探索与思维突破》	王晶莹	30.00
新生代通派名师系列	231	《简约数学教学》	许卫兵	30.00
	232	《语文教学的本真——情意课堂展现母语之美》	吴建英	30.00
	233	《语文课堂的理想追求——欢快达成三维目标》	董一红	30.00
	234	《阅读教学的真髓——意象构建读出文学的真美》	祝　禧	30.00
	235	《美术教育的真谛——审美人生教育让生命绚丽成长》	陈铁梅	30.00
	236	《语文教学的理想境界——无痕教学润泽生命》	李　凤	30.00
	237	《儿童作文的本义——嬉乐作文让儿童乐并成长着》	王笑梅	30.00
	238	《名师是怎样炼成的》	王建明　王笑君	35.00
幼师成长系列	239	《幼儿行为背后——教师如何读懂幼儿的心思》	吴亚英	30.00
	240	《最具教育力的22种幼儿教育思想》	杨　达	30.00
	241	《幼儿教师必知的安全应急措施》	杨　达	30.00
	242	《幼儿教师必备的教育技能》	李　玲	30.00
	243	《卓越园长21条幼儿园管理策略》	周　丹　江东秋	30.00